# CRONOLOGÍA DE UNA PASIÓN
*Caracas-Magallanes 1895-1994*

# CRONOLOGÍA DE UNA PASIÓN
## *Caracas-Magallanes 1895-1994*


Alexis Alberto Delgado Alfonzo

**Coordinación editorial**
*Andrés Eloy Burgos*

**Asesoría editorial**
*Alexander Zambrano*

**Corrección**
*Andrés Eloy Burgos*

*Cronología de una pasión. Caracas-Magallanes 1895-1994*

ISBN: 978-980-419-032-2

**Fotografía de portada:** Luis Camaleón García y Gonzalo Márquez.
Biblioteca Nacional de Venezuela, Archivo Audiovisual, Colección Catalá.

# ÍNDICE GENERAL

# Presentación

En el marco del Bicentenario de la muerte del Generalísimo Francisco de Miranda, la Fundación Centro Nacional de Estudios Históricos (FC-NEH) junto con el Archivo General de la Nación presentaron un plan para estimular el desarrollo de proyectos de investigación, la formación teórica y metodológica, y la difusión del conocimiento histórico producido tanto individual como colectivamente en el país. Fue una invitación a los investigadores, educadores, cronistas, estudiantes y comunidades organizadas, para que enviaran sus monografías inéditas sobre historia en diversos temas para su publicación. De la decena de manuscritos resultó seleccionado para su edición y publicación, por su calidad excepcional, este del historiador Alexis Alberto Delgado Alfonzo que lleva por título *Cronología de una pasión. Caracas-Magallanes 1895-1994;* singular trabajo que plantea un recorrido por la historia de la rivalidad deportiva existente entre los equipos de mayor fanaticada en el béisbol profesional venezolano.

Este, primer libro relacionado con la historia del deporte que publica la Fundación, es también un esfuerzo de interpretación histórico-cultural y un recuento cronológico de la pasión del pueblo por el béisbol, que viene a engrosar la historiografía del deporte. Del juego que se arraigó a partir de la irrupción del petróleo a principios del siglo XX y que en la actualidad sigue marcando la dinámica cotidiana de octubre a febrero de cada año.

Para la FCNEH es un honor presentar un libro que sin lugar a dudas ha de convertirse en referencia no solo para los seguidores de los equipos (Navegantes del Magallanes-Leones del Caracas) y del béisbol sino de todos aquellos interesados en conocer esa parte importante de la cultura venezolana contemporánea que vibra a partir de la voz de *play ball*.

## Agradecimientos y dedicatoria

Este trabajo que hoy cobra vida luego de tanto esfuerzo, tiene que, por medio de este apartado dar el justo agradecimiento a un conjunto de personas que, gracias a su paciencia, consejos y pertinentes correcciones, hicieron de este proyecto una realidad.

En primer lugar le doy gracias a Dios por permitirme ser quien soy e iluminar mis pasos desde el infinito hacia senderos que sin su ayuda no habría alcanzado.

En segundo lugar a mi madre por ser esa guía de mis pasos y por hacer de mi quien soy. A mi padre y a mi hermano por siempre tener una palabra de aliento y por enseñarme desde muy pequeño que el béisbol es un sentimiento, que el deporte es un ejemplo de vida y perseverancia. Con ellos descubrí que la rivalidad Caracas-Magallanes es mucho más que algo deportivo, a ellos dos mi reconocimiento y eterno agradecimiento por tan importante enseñanza de vida, sin la cual jamás hubiese existido en mi la intención de desarrollar este tema de investigación.

A Lucy Henrriques, quien más que la compañera de mi vida fue la mejor asistente de investigación que un historiador pueda anhelar. Con esta obra damos luz a nuestro primer hijo.

A mi abuelo Rigoberto Alfonzo, por ser en mi niñez el impulsor de mi amor por el béisbol y por hacerme ver este tema con un respeto que sobrepasa la pasión deportiva. A él con todo cariño va dedicado este trabajo.

A mi querida Escuela de Historia de la UCV por darme la formación académica que hoy reflejo en esta investigación.

A mi amigo y corrector Fausto Torella por su esfuerzo, dedicatoria, puntuales correcciones y más importante aún, por ser un amigo incondicional y creer en mí y en este proyecto.

A la fundación Navegantes del Magallanes y más específicamente a Gonzalo Tovar por prestar tan valiosa ayuda al desarrollo de esta investigación.

Al Museo del Béisbol Venezolano por tener las puertas abiertas y colaborar de una manera tan desinteresada a la elaboración de esta investigación.

A Luis Paz, Julio Sánchez y Alfonso Álvarez Díaz, quienes en representación del canal por cable Sport Pluss, aconsejaron con su vasta experiencia en el ámbito.

A Carlos Feo por su siempre atenta disposición y por prestar cifras e informaciones oficiales del Magallanes y de la Liga Venezolana de Béisbol Profesional.

A la Liga de Béisbol Profesional Venezolano quienes, sin ningún tipo de reparos me ofrecieron las instalaciones de su biblioteca para profundizar en la investigación realizada.

Al historiador Javier González, quien con sus escritos y gran conocimiento en el área contribuyeron a robustecer el trabajo.

A mi editor, Andrés Eloy Burgos por su impecable trabajo para mejorar el contenido de esta obra.

Al Centro Nacional de Estudios Históricos por darme la oportunidad de hacer público este libro en su primera edición.

Esta obra va dedicada a la eterna memoria de mi abuela Elia María Estévez, que su luz y sonrisa guíen por siempre mis pasos desde el reino de los cielos.

Desde que tengo uso de razón he amado profundamente todo lo que tiene que ver con Venezuela y su maravilloso entorno, por esto fue que me decidí a estudiar Historia, ya que esta disciplina me ha permitido, no solo aprender tantos aspectos de mi país, el más bello de todos, sino que además me ha dado la responsabilidad de enseñar a otros el fruto de mi trabajo y contribuir al afianzamiento de nuestra memoria histórica nacional.

En los años que tengo trabajando en el mundo de la investigación y divulgación histórica, me he dado cuenta de que aunque la historia de Venezuela es tan rica, por lo general, nosotros los historiadores nos hemos enfocado fundamentalmente en escribir sobre las heroicidades de nuestros patriotas en las guerras de independencia, otros profesionales han escrito sobre el petróleo, la belleza de las mujeres, la bondad de nuestra geografía y clima. Todo esto es muy importante, pero existen muchos temas que también forman parte de nuestra idiosincrasia nacional. En tal sentido quise investigar y entregarles a los lectores otro trozo de este hermoso tejido que conforma nuestra Historia. Fue entonces cuando decidí historiar sobre uno de los entretenimientos por excelencia de los venezolanos, nuestro deporte nacional, el béisbol, pero en esta oportunidad visto desde los ojos de un historiador, ya que son muchas las páginas escritas por periodistas y cronistas deportivos y se agradecen sus trabajos, pero en el libro que hoy entrego en sus manos, tendrán la oportunidad de leer sobre la historia de nuestro béisbol desde una perspectiva muy distinta.

La primera intención era historiar al béisbol, pero al hacer todas las aproximaciones metodológicas, con el objeto de delimitar o enmarcar el trabajo, me surgió la inquietud de que no bastaría con tan solo historiar los logros de algunas personas, o las astucias de otras al darle cabida a tan glorioso deporte en la nación, porque de muy poco serviría en realidad reconstruir los acontecimientos que le dieron vida al "deporte de las cuatro esquinas", sin vincular estos esfuerzos con la pasión que el deporte despierta en cada fanático dentro y fuera de los parques de pelota. Por estas razones me propuse ser más acucioso en la investigación histórica, porque se presentó la necesidad de mostrarle a los lectores como surgió, no solo el béisbol en el país sino también de qué manera era disfrutado por sus primeros seguidores, hasta llegar a la pasión desbordante de hoy en día. También me dediqué a hacer un trabajo minucioso con el objeto de que el volumen fuera comprendido en su totalidad aún por aquellos lectores que desconocen los aspectos del llamado "argot peloteril". Es un esfuerzo para hacer de este libro un regalo para el sentir venezolano y su idiosincrasia.

Este tema me planteó de entrada un inconveniente metodológico que tenía que ver con el límite temporal a trabajar, porque se sabe que mundialmente el béisbol como deporte moderno tiene su origen en la primera mitad del siglo XIX. No obstante, decidí asumir la última década del XIX -más específicamente el año de 1895- para comenzar a historiar porque en esta se ubica el primer registro escrito de la práctica del béisbol en nuestro país. Sin Embargo, decidí asumir de forma metodológica como origen al siglo XX y no a la centuria anterior. Es por ello que, aunque el tema de este trabajo refiere a la barrera temporal en el siglo XX, no es un yerro matemático de mi parte el querer iniciarlo en 1895[1]. Es importante aclarar que esto no es más que

---

1 Es importante tener en cuenta el planteamiento del historiador británico Eric Hobsbawn acerca del "corto siglo XX" con el que establece una periodización no tradicional que considera más al *tiempo histórico* que al *tiempo calendario,* el cual nos sirve de apoyo metodológico para proponer nuestra periodización. Se recomienda la lectura de la obra del autor *Historia del siglo XX, 1914-1991,* Editorial Crítica, 2009; así como los artículos de referencia: *El siglo XX según Eric Hobsbawm. Una crítica y una interpretación alternativa* en: http://www.uca.edu.sv/facultad/chn/c1170/ribera5.htm; *Sobre Hobsbawn y el corto siglo XX,* en: https://creartehistoria.blogspot.com/2014/03/sobre-hobsbawm-y-el-corto-siglo-xx.html.

un artificio metodológico que supone que dicha división solo existe en mi análisis escrito y no en la realidad estudiada.

Una vez superada la dificultad del inicio temporal del escrito, tuve que, con base en los testimonios y diversas fuentes consultadas, identificar una serie de hitos históricos que me permitieran mostrar lo que a mi juicio son los momentos más importantes en la historia del béisbol en Venezuela.

Luego me dispuse a enfrentar una dificultad que era vital superar desde el inicio, que era: ¿De qué forma abordar el tema para aprovecharlo de una manera más óptima? Reflexioné en que si iba a desarrollar la historia de la pasión del béisbol en Venezuela ¿qué mejor punto de partida que la rivalidad Caracas-Magallanes? Sin embargo como la idea primigenia era la de reconstruir la pasión desde los primeros pasos del deporte en la nación, me valí nuevamente de un artificio metodológico para abordar el tema partiendo desde el origen, prosiguiendo todo el proceso de maduración de la pasión del béisbol en el país (incluyendo antecedentes de rivalidades, así como las motivaciones y basamentos), hasta concluir con la rivalidad Caracas-Magallanes. De este modo el lector podrá comprender como se fueron desarrollando los fenómenos que hoy conocemos por rivalidad y pasión beisbolera y que tienen como punto cumbre el Caracas – Magallanes.

Existen dos elementos que de seguro el lector habrá notado y pueda pensar que pertenecen a descuidos de este apasionado investigador los cuales son:

*-La delimitación espacial del trabajo.*

*-¿Por qué terminar el escrito en la primera final Caracas Magallanes?*

En cuanto al primero informo que por la amplitud del tema se va a circunscribir el trabajo esencialmente a la ciudad de Caracas, aunque tocaré el desarrollo beisbolero en el resto de los estados del país. Casos puntuales como: la pelota rentada en el estado Zulia; la mudanza del Magallanes por varias ciudades del Oriente hasta su asentamiento definitivo en Valencia. En cuanto al segundo aspecto he preferido "cerrar" el escrito en el año de 1994 por dos motivos fundamentales: debido a que en ese año se registró uno de los más altos niveles de la pasión de los fanáticos, tanto del Caracas como del Magallanes en toda la historia del deporte de las cuatro esquinas en el país; no hago esta aseveración de una forma caprichosa, la misma se sustenta en la gran publicidad y cobertura mediática que se le dio al acontecimiento; de igual modo en los niveles de sintonía de los medios que cubrieron la final.

En oportunidad de dar mayor peso objetivo a las aseveraciones que de una manera u otra se hagan presentes en el desarrollo de este tema, abro un paréntesis en este punto. Lamentablemente las principales variables del tema (**pasión** y **rivalidad**), son de carácter profundamente subjetivas, ya que no existe un aparato que sea capaz de medir los "decibeles de pasión", no obstante en este libro no me ocuparé de hacer elucubraciones que alejen al proyecto de sus orientaciones metodológicas; en tal sentido considero necesario definir ciertos términos para que no existan problemas de comprensión originados por omisiones conceptuales. Lo que entiendo por **pasión** es la emoción espontánea producto de una alteración generalizada del o de los individuos y originada por una afición, en ocasiones extrema, a una actividad, en el caso que nos atañe, el béisbol. Si bien la **pasión** es espontánea también es cierto que se ve estimulada por ciertos factores que van a acompañar su crecimiento gradual en el béisbol de Venezuela; uno de ellos es la **rivalidad**[2]. Esta va a ser la impulsora de la pasión. Incluso se puede dar la relación de manera inversa, pero bajo ninguna circunstancia **rivalidad** es igual a **pasión**. Ahora estos dos términos esenciales se corresponden a la Psicología Social y a la Psicología Clínica, pero hay una serie de factores que son de un tenor más consciente y obedecen a una finalidad de mayor intencionalidad, aunque no por ello de menor espontaneidad[3].

---

2 También han existido en el país rivalidades de otra índole, como lo han sido: Tiburones de La Guaira – Leones del Caracas, esta específicamente sustentada en el ámbito geográfico surgió a partir de la influencia de los medios de comunicación, ya que, como es sabido, ambas novenas comparten el mismo parque, el Estadio Universitario de la U.C.V. Este mismo aspecto geográfico, aunado con la excelencia deportiva, contribuyó al afianzamiento de la rivalidad Leones del Caracas – Navegantes del Magallanes, puesto que desde 1942, hasta 1968, con una corta interrupción a mediados de la década de los 50 y 60, ambos compartieron la supremacía por la sede capitalina. Cuando el Magallanes se mudó al estado Carabobo (1969) la rivalidad tomó un cariz regional. He tomado ejemplos de distintos tipos de rivalidades, para que se pueda comprender que cuando utilizo el término  no siempre aludo al ámbito deportivo.

3 Uno de esos factores es la introducción del béisbol como medio beligerante en la política, es decir hacer oposición política de una manera disfrazada en el béisbol, lo cual ocurrió en el régimen de Juan Vicente Gómez y, que generó la rivalidad entre los equipos: Samanes – Independencia. La pasión de esta rivalidad

Un aspecto que contribuyó a la propagación de la pasión beisbolera en el país fue la influencia de la radio como ente divulgativo de las transmisiones de los juegos de béisbol. En la década de los 30 este medio de comunicación hizo una contribución notable para el crecimiento de la pasión beisbolera en Venezuela, puesto que eliminó las fronteras geográficas para el disfrute de esta disciplina. Esas limitantes serían reducidas aún más con la llegada de la televisión en los años 50. El 8 de octubre de 1953 Radio Caracas Televisión, a modo de prueba, hizo la primera transmisión televisiva de un juego de béisbol. Era el encuentro inaugural de la Serie Mundial de Béisbol Amateur XIV, que enfrentó a Venezuela y Cuba.

La comercialización del béisbol contribuyó a la profesionalización y propagación de este deporte en el país. Con esta la pelota dejó de ser vista como un entretenimiento para adquirir un carácter empresarial. El impulso publicitario dado por el proceso de comercialización del béisbol influyó en el acelerado incremento de la fanaticada.

Con estas breves pero necesarias definiciones considero que ya queda zanjada la problemática de los elementos que contribuyen a una medición de la pasión y rivalidad en el deporte de las cuatro esquinas, por tal motivo se puede cerrar el paréntesis y continuar desarrollando la temática concerniente a la delimitación temporal de la investigación.

El segundo motivo está orientado al plano metodológico, debido que no quería agotar la temática en un solo trabajo. He preferido segmentar la investigación en este punto (1994), para que los años posteriores puedan ser objeto de estudio de trabajos venideros.

era, tanto de carácter político como social, ya que Samanes era un club de jóvenes aristocráticos, mientras que El Independencia, estaba conformado por partidarios y funcionarios de la administración de Gómez, como por ejemplo, Manuel Corao.

# Noviazgo del beisbol con Venezuela (años del Génesis de la pelota en el país) 1895-1930

No he sido el primero en denominar los orígenes del béisbol como "un noviazgo", pero he escogido este título porque considero que con él describo, metafóricamente, cómo fue posible la absorción de este deporte en la cultura popular venezolana, que no puede describirse de otro modo que como un enamoramiento.

La historiografía venezolana ha establecido los orígenes del béisbol en el país alrededor del año de 1895, sin embargo, por medio de las indagaciones que he llevado a cabo para darle cuerpo y veracidad histórica a este volumen, me he topado con un valioso testimonio de principios del siglo XX que vale la pena considerar. Es una carta dirigida al cronista deportivo del *Nuevo Diario*[4] por parte del señor Damián Andrade el cual se autodenominaba *"antiguo jugador de béisbol"*[5]; la carta en cuestión, publicada *el 22 de abril de 1915*, fue remitida a dicho destinatario en la oportunidad de desmentir algún artículo

---

4 Diario venezolano que circuló entre 1913 y 1935. Famoso por ser el principal medio para la defensa de la dictadura gomecista. Para más datos acerca de este periódico y la función que cumplió en la sociedad venezolana durante su existencia sugerimos revisar a Yolanda Segnini, *Las Luces del Gomecismo*, Caracas, Alfadil Ediciones, 1997, pp. 299.

5 Es necesario aclarar que ese béisbol que hace alusión Damián Andrade no es ni por asomo de carácter profesional, sino que era un grupo de jóvenes que se dedicaron a practicar un deporte foráneo no conocido para el momento y, era solo motivo de entretenimiento.

que habría escrito refiriéndose a los orígenes de la pelota en Venezuela. El documento de Andrade dice lo siguiente: *"Creo de oportunidad comunicarle a usted que mañana 23 de abril se cumplen 23 años que se tiró la primera bola de béisbol en Caracas...[6]"*. Ni antes ni después de la carta de Damián Andrade se ha encontrado documento alguno que se refiera a una fecha tan exacta de la posible génesis del béisbol en Caracas y por ende en Venezuela. Todos los datos y documentos sostienen que en esta ciudad se jugó por vez primera en el año de 1895 y, según el único testimonio de Andrade, la pelota se jugó por primera vez en 1892.

Para el año de 1895 (fecha convencional de la penetración del béisbol en Venezuela), la nación estaba gobernada por el general Joaquín Crespo quien había tomado el poder después de una violenta acción en el año de 1892, la denominada *"Revolución legalista"*. La nación era esencialmente rural y se sostenía económicamente de *la siembra del café, del cacao y demás productos agrícolas*[8]. Su población aproximada era de unos dos millones de habitantes[9]. La capital (Caracas), se dividía en ocho parroquias: Catedral, La Pastora, San José, Santa Rosalía, La Candelaria, Altagracia, Santa Teresa y San Juan. Las parroquias estaban delimitadas, al norte con el imponente Cerro el Ávila y los ríos Guaire al sur, al este el Anauco y Caruata al oeste; en fin, Caracas se mostraba a los ojos de propios y ajenos como una ciudad de encantadores paisajes y de atractivas diversiones como: los paseos en tranvías tirados por caballos que mas que un medio de comunicación eran la opción económica de divertirse sanamente, por tan solo un medio real y sobre todo si se trataba de las jornadas dominicales; otros entretenimientos correspondían a festividades en su mayoría religiosas y tradicionales como los Carnavales, la Semana Santa, el Corpus Cristi, la fundación de la ciudad,

---

6 desdeelbullpen.blogspot.com y la cita es tomada del Nuevo Diario en su edición del 22 de abril de 1915.

7 La revolución toma ese nombre, precisamente, porque sus integrantes no estaban de acuerdo con las nuevas reformas a la constitución, propuestas por el gobierno de Raimundo Andueza Palacio, considerándolas continuistas, porque, entre otras cosas, proponía alargar el período presidencial a cuatro años y los revolucionarios sostenían que se debía nombrar un Consejo de Gobierno para que éste, a su vez, eligiera un Presidente para el próximo bienio, según la Constitución vigente de 1881, conocida como la *Constitución Suiza*.

8 Herminia Méndez Sereno, *5 siglos de Historia de Venezuela*. Caracas, pp. 498, 1998.

9 Javier González, *El béisbol en Venezuela*. Caracas, pp. 5, 2003.

entre otras. Fue precisamente en una jornada dominical que se dio, en los terrenos aledaños a la estación del Ferrocarril Central en Quebrada Honda, el primer juego de béisbol en Venezuela. Allí algunos cubanos y norteamericanos residenciados en el país, junto con un grupo de venezolanos, le dieron vida a la pasión deportiva venezolana al jugar un deporte nunca antes visto por aquella sociedad. Precisamente por la condición de foráneos que tenían los jugadores (en su mayoría norteamericanos) es que sabían practicar béisbol. Los cubanos que participaron en la citada jornada debían su conocimiento del deporte a que desde el siglo XIX la isla de Cuba había tenido en un alto grado de influencia norteamericana; en tanto que los venezolanos eran jóvenes que habían tenido la oportunidad de cursar estudios en los Estados Unidos; su estadía en ese país les permitió aprender a jugar. Desde ese momento la gente quedó cautivada por este nuevo juego en el que sus practicantes portaban una indumentaria extraña que se componía de una cachucha (en lugar de gorra o sombrero de alas cortas), pantalón y camisa de color negro y unos curiosos zapatos[10].


## El primer equipo de béisbol

Según se dio a conocer por los diarios, para el mes de mayo de 1895, un grupo de jóvenes crearon la primera divisa del deporte de las cuatro esquinas en la nación, con el nombre de Caracas Baseball Club[11]. Se tiene documentado además que la fecha correspondiente al primer juego de béisbol en el país fue el 23 de mayo de 1895, en donde la novena del Caracas Baseball Club se midió a una división de su mismo equipo, ya que no existía para el momento otra organización beisbolera[12]. Según reseñan algunos medios impresos de la época el juego fue visto por dos mil espectadores aproximadamente[13].

---

10 Es necesario acotar que ese calzado no eran todavía los de tacos, los cuales se comenzaron a emplear en la década de los 20. Estos zapatos de tacos no eran exactamente como los de ganchos metálicos que se emplearon a mediados de los 30 y que luego fueron sustituidos por los de ganchos plásticos.

11 Aunque también se pueden encontrar referencias a esta novena como Caracas Béisbol Club, ya que se castellanizó el término Baseball a Béisbol.

12 Para diferenciar a los dos equipos, uno se identificó con el color rojo y el otro con el azul. Quedando como ganador el equipo azul con pizarra final de 28 a 19.

13 Diario El Pregonero. Caracas, pp. 2, 1895.

Creo que es justo decir en honor a la verdad que los jugadores de ambas novenas del Caracas Baseball Club pertenecían en su gran mayoría a los sectores medio y bajo de la sociedad, y no a la aristocracia caraqueña, que es la idea que se ha divulgado. Sin embargo, fue gracias a las grandes y adineradas familias que el béisbol tuvo un auge tan veloz, entre esas familias se pueden citar a los Zuloaga, Machado, Vollmer y Sanabria.

Domingo a domingo se enfrentaban los equipos Rojo y Azul, dándole cuerpo al béisbol caraqueño, extendiendo a su vez los conocimientos del deporte en la sociedad, por lo que se puede afirmar que el béisbol en Venezuela fue como refiere el argot popular: amor a primera vista.

Tanto fue el furor del béisbol en esos primeros meses de su práctica que, en el mes de septiembre de ese mismo año se construyeron gradas al terraplén de Quebrada Honda, constituyéndose de este modo el primer parque de pelota conocido en la nación y que llevaba por nombre El Stand del Este. La iniciativa de crear estas gradas, que favorecieron tanto el flujo de nuevos fans al naciente deporte, se debe al cronista del diario *El Tiempo*, quien luego de un juego fechado el 6 de julio, propuso su construcción para que estuviera más cómodo aquel que no aguantara estar de pie durante horas. El cronista cerraba su propuesta invitando a cualquier inversionista que tomara en consideración su llamado, y la respuesta no se hizo esperar, ya que el señor José Mosquera, propietario de la Cervecería Nacional (primer proveedor lupuloso del país), cuyo hijo fue jugador de aquel Caracas BBC, financió los reacondicionamientos del parque. De esta forma fue creciendo la pasión beisbolera que al año siguiente extendió sus dominios fuera de las fronteras capitalinas hasta los estados Carabobo, Falcón y Zulia.

No todo fue luna de miel en esos primeros meses para el naciente fervor por la pelota, ya que por la inestabilidad política del país[14] muchos de los peloteros nacionales y extranjeros tuvieron que emigrar,

---

14 Venezuela experimentó durante todo el siglo XIX y hasta los inicios del siglo XX un estado permanente de agitación política con alzamientos armados llamados "revoluciones" que tenían por objetivo la toma del poder. El historiador Manuel Caballero plantea el cierre de dicho ciclo de violencias en el año 1903 con la Batalla de Ciudad Bolívar, con esta dice "se enseñorea la paz en Venezuela". Para más detalles ver *Las crisis de la Venezuela Contemporánea (1903-1992)*, Caracas, Editorial Alfa, 2007, pp. 227.

otros, por su parte, fueron reclutados por las guerrillas. Un evento que sumó nuevas calamidades fue el terremoto del 29 de octubre de 1900 que afectó la región Centro Oriental del país. Estos acontecimientos hicieron perder el primer ciclo de la práctica del béisbol en Venezuela.

## El béisbol resurge

Una vez superada en buena medida las dificultades derivadas tanto del comportamiento de la naturaleza como de los conflictos humanos la práctica del béisbol resurgió, y por ende la pasión volvió a los corazones de los venezolanos luego de su receso momentáneo.

A finales de 1900 algunos de los jóvenes migrantes regresaron a Venezuela y con ellos la firme convicción de reanudar el desarrollo de la pelota nacional. Motivado a esos esfuerzos se refundó el Caracas Baseball Club, y a este se fundó el Victoria Béisbol Club, "...organización conformada en su totalidad por cubanos 'pata en el suelo'[15]". Venezuela le debe a este equipo el nacimiento de la primera súper estrella del deporte de las cuatro esquinas, un hombre delgadito y larguirucho de 21 años de nombre Emérito Argudín. La situación política de su país le había impedido cursar estudios en la Universidad de La Habana por eso viajó a Caracas para hacerlo en la Universidad Central de Venezuela (UCV)[16]. Desafortunadamente para su carrera académica la situación en Venezuela no era muy distinta a la de Cuba en lo que a estabilidad política se refiere, pues había un rechazo de gran parte de la sociedad hacia el recién apoderado de la Presidencia de la República general Cipriano Castro. El creciente malestar social tuvo su resonancia en la universidad, de la que un grupo de estudiantes manifestaron su descontento organizando un movimiento político irreverente que satirizaba al gobierno y a la figura presidencial[17]. Debido a un incidente

---

15 Javier González, *El béisbol en Venezuela*. Caracas, pp. 20, 2003.

16 Cuba, su país natal, había sido invadida por los norteamericanos en 1898, y debido a esto, la Universidad de La Habana permanecía cerrada.

17 Es el movimiento que se conoce como "La Sagrada" o "Sacrada". Para mayor información al respecto ver "La Sacrada" en: *Diccionario de Historia de Venezuela*. Caracas, Fundación Polar, 1999, pp.. 883. (N. del E.)

público suscitado entre los estudiantes y el presidente Castro, durante los carnavales de 1901, éste ordenó arrestar y expulsar de la universidad a los principales involucrados. Como el rector Santos Dominici se negó a proceder con la "medida disciplinaria" el presidente decidió clausurar la casa de estudios el día 11 de marzo de 1901. Por esta razón Emérito tuvo que olvidarse de los estudios y dedicarse al béisbol.

Para finales de este año se jugaba béisbol en prácticamente toda Caracas. En lugares como El Paraíso, Catia, Quebrada Honda, Sabana del Blanco y San Martín numerosos equipos recién fundados divertían y hacían sufrir a los aficionados. Los hombres se ensimismaban en el espectáculo, los niños imitaban en la medida de sus posibilidades a sus nuevos héroes (los jugadores), y por supuesto, las muchachas cuchichiaban ansiosas y expectantes *"¿viste a Emérito el domingo?"*. La capital ardía en los cuatro costados gracias al béisbol y por supuesto por Emérito. Fue tanta la algarabía de la sociedad caraqueña para disfrutar del espectáculo que varios conjuntos se pusieron de acuerdo con el Caracas Baseball Club para organizar un pequeño torneo. Dicho certamen fue ganado por el Caracas y, como dirían muchos fanáticos del momento, ¿quién más iba a ganar? si se habían reforzado con el gran Emérito Argudín, quien quedó campeón en los tres renglones ofensivos: porcentaje de bateo, carreras remolcadas y cuadrangulares. Algunos le atribuyen a Argudín ser la inspiración de la popular frase: "cuarto bate y novio de la madrina"[18]. Pero éstos no fueron los únicos méritos que tuvo Emérito en el desarrollo del béisbol nacional, ya que al final de ese campeonato, la junta directiva del Caracas[19] va a realizar las primeras clases de nociones básicas y avanzadas del béisbol, lecciones que fueron impartidas por él. A esto se le suma: la creación del primer periódico de béisbol del país, que se llamó *"Béisbol"* y, por si fuera poco, la primera traducción de las reglas del béisbol de inglés a español y la primera participación que tuviera un equipo venezolano en un juego internacional.

---

18 Haciendo una clara alusión a que Argudín destacó en todos los escenarios posibles del naciente deporte.

19 Este equipo del Caracas Béisbol club no tiene ningún tipo de nexo con el actual Leones del Caracas.

## Primera confrontación internacional

Entre el 19 y 26 de octubre de 1902 el béisbol se engalanó al recibir, por primera vez, a un equipo de béisbol extranjero. Sucedió que meses antes había anclado en el puerto de La Guaira un buque de guerra proveniente de los Estados Unidos, que traía a bordo un equipo de béisbol conformado de marines americanos. Aprovechando la oportunidad se decidió hacer dos sendos partidos entre el Caracas Béisbol Club y el equipo del buque Marieta. Los encuentros se realizaron en los terrenos pertenecientes al Bolívar Béisbol Club, en medio de un clima de fanatismo electrizante, ya que para muchos esta era la prueba de fuego del naciente béisbol nacional. El primer encuentro lo ganó el equipo del Marieta con un marcador de 16 carreras por 13. A pesar de aquel revés sufrido por los criollos la ferviente fanaticada se deleitó con abundante cerveza y disfrutó de dos soberbios cuadrangulares conectados por Emérito Argudín.

Para el segundo encuentro la novena caraquista tomó venganza, al derrotar al Marieta con la abultada pizarra de 27 anotaciones por 17. Argudín nuevamente fue la estrella al: "...tener la desfachatez de pegarle dos homeruns al equipo visitante; uno de esos estacazos fue con las bases llenas..."[20].

Estos dos encuentros (en especial el segundo) generaron una inmensa efervescencia del béisbol, sobre todo en el departamento de La Guaira donde se fundaron nuevos equipos, entre los que se pueden citar: El Macuto, Maiquetía, La Guaira y el Naiquatá, los cuales, en conjunto con otras novenas protagonizaron el año siguiente el primer torneo guaireño de béisbol.

## El béisbol encuentra mecenas

Esta fiebre incurable, y por demás contagiosa, que representaba el béisbol tomó los corazones de las familias más adineradas de la capital, específicamente de los Sanabria, Zuloaga, Boulton y Vollmer. Estas dos últimas para el año de 1903 fundaron el equipo San Bernardino Club que reunió a los jóvenes

---

20 Javier González, *"El béisbol en Venezuela"*. Caracas, 2003, pp. 21.

aristócratas de la sociedad caraqueña[21]. Luego de algunas prácticas el equipo de "niños ricos" decidió retar a dos juegos al experimentado *Caracas*. El primero de estos encuentros fue ganado por el Caracas con un resultado que se desconoce pero que las fuentes refieren que fue abultadísimo. El segundo cotejo fue ganado por el San Bernardino pero con la sorpresa, desagradable para muchos, de que el aristocrático conjunto se había reforzado con los principales jugadores de su rival. Las motivaciones de este éxodo peloteril se pueden comprender en la base de que el San Bernardino tenía los mejores terrenos para jugar pelota, lo cual motivó a algunos jugadores del Caracas a tomar el primero de los dos encuentros como suerte de vitrina para mostrar su talento ante el emergente club; es decir una forma de auto promocionarse. Esto trajo como consecuencia la desmoralización de los miembros restantes del Caracas y la posterior quiebra de la divisa. Es importante aclarar que en este momento la participación de los jugadores era por amor al juego y no por una remuneración económica. Ya que no estaban sujetos a ningún tipo de contrato los jugadores podían jugar con el club que desearan. Quienes jugaban la pelota podían irse a participar con otra novena en donde lo hacía algún amigo o, para el caso específico de los que emigraron al San Bernardino, lo hicieron por acercarse a las familias adineradas que podían proveerlos de artículos deportivos genuinos. En la Venezuela de principios del siglo XX era muy complicado conseguir artículos para jugar béisbol y el San Bernardino poseía de los mejores. Hasta entonces quienes no contaban con recursos económicos para equiparse debían practicar con pelotas hechas de papel, cartones de jugo o leche por guante y palos por bates.

Desde ese momento en que se fueron los peloteros del Caracas no hubo equipo que se le pudiera igualar al San Bernardino, y no por falta de contendientes. Fue tanta la superioridad del San Bernardino que (no se sabe con exactitud si fue en 1905 o 1906) se vio forzado a dividirse en dos novenas, identificadas como La Blanca y La Roja. Estas organizaron un nuevo torneo que despertó la emoción nuevamente en los caraqueños. Sin embargo, la pelota venezolana no dejaba aún de ser una suerte de enfrentamiento al estilo lejano oeste, es decir una novena retaba a la otra para ver cual era la mejor. Si un equipo deseaba ser más popular, y por ende obtener mayor número de

---

21 Este club de jóvenes aristocráticos no perseguía un fin económico, porque de hecho, muchas señoras de la alta sociedad no veía con buenos ojos que esos chicos jugaran el deporte de las calles.

seguidores, la forma era retar al club más ganador del momento. Esta fue una de las principales razones por las cuales la existencia de los equipos eran tan efímera. No obstante, donde dejaba de existir un club se fundaban dos, esta dinámica fue la que incidió en que la pelota venezolana no muriera.

Aún faltaba mucho para que existiera en el país un órgano como la actual Liga Profesional que se encargara de organizar el béisbol nacional, por lo que, por muchos años, el béisbol se arregló por conveniencia de los clubes que se iban a enfrentar.

Con base en ese criterio de ascenso de popularidad, que se ha descrito líneas atrás, fue que a mediados de 1907, mas específicamente para el 29 y 30 de junio, se concertaron dos encuentros entre el poderoso y popular San Bernardino y la naciente novena llamada Vargas Béisbol Club. La expectativa de la población en las vísperas del primer encuentro se paseaba en que era una "batalla" entre dos regiones, en donde el San Bernardino representaba a la ciudad capital y el Vargas Béisbol Club a los litoralenses. El primero de los cotejos se efectuó en los terrenos del Vargas del que por desgracia se desconoce cual era su ubicación geográfica pero al parecer era cercano al puerto de La Guaira. Aunque el primero de los encuentros fue ganado por el club caraqueño 15 carreras por 7, el Vargas dejó un muy buen sabor de béisbol.

En el segundo juego el equipo varguense tomó revancha al propinarle la primera derrota al *San Bernardino* en casi dos años. La pizarra final fue bastante ajustada de 10 rayitas por 9.

A partir de esos juegos, tal vez debido a que una novena representaba a la oligarquía y la otra a los sectores populares, se fue generando la rivalidad[22] que a nuestro juicio es el alma de la pasión.

Fue tal el rebullicio que a mediados de julio de 1907, mientras se jugaba en El Paraíso (terreno de juego del San Bernardino), un grupo de fanáticos del Vargas colocaron en todo el centro de la Plaza Vargas una inmensa

---

22 Ver definición de rivalidad para efectos de la investigación, expresada en la introducción.

pizarra donde iban anotando los acontecimientos del encuentro. Los datos eran recibidos por medio de un teléfono dispuesto por el señor Francisco Quintero, entonces dueño de una barbería cercana a la plaza. Esta es la primera evidencia que se tiene de los inicios de la transmisión de un juego de béisbol a distancia, lo cual se puede interpretar como el resultado de la expectativa y pasión que sentían los caraqueños y los varguenses por el deporte de las cuatro esquinas.

## La política toma el bate

Para el año de 1910 se jugaba béisbol en prácticamente todo el país y motivado a estas circunstancias se mantuvo la dinámica de crear numerosos equipos de pelota, unos duraderos otros efímeros, pero en fin era sorprendente la cantidad de jóvenes y no tan jóvenes que se arrimaban a practicar un deporte que hasta quince años atrás era conocido solamente por unos pocos.

La fiebre de crear equipos de béisbol no perdonó a los hijos del "benemérito" Gómez, quien había tomado el poder dos años antes tras un silencioso pero letal golpe a su enfermo contendiente Cipriano Castro. Fue de este modo como en ese año un grupo de jóvenes partidarios de la dictadura de Gómez, apadrinados por José Vicente, Alí y Gonzalo Gómez, hijos del presidente, crearon una novena oficialista[23]. Este club, llamado Independencia, no tuvo en sus primeros años una relevancia mayor a nivel deportivo, más bien sus seguidores pertenecían al grupo de aduladores del "benemérito"[24].

Fue en 1914 que un grupo de jóvenes de acomodadas familias caraqueñas, entre los que podemos citar a Oscar Zuloaga, Lorenzo Mendoza (quien en 1941 fundó la Cervecería Polar), José Loreto Arismendi (hijo), Gustavo Machado (quien posteriormente fundaría el Partido Comunista de Venezuela, PCV), entre otros conformarán un equipo que, por la alcurnia de sus integrantes, se asemejaba al San Bernardino. El club fue bautizado como

---

23 *El Independencia* fue un gran club de béisbol, pero también era una manera poco sutil de intervención del béisbol por parte de la política del dictador.

24 Esta era una de las maneras mas conocidas con las que se denominaba al dictador Juan Vicente Gómez.

Los Samanes y jugaría en la urbanización El Paraíso, situada en el suroeste de Caracas. El nombre de la novena era debido a la gran cantidad de árboles samanes que rodeaban el campo de juego[25].

Luego de varias prácticas y juegos de preparación, la novena decide mostrarse a la palestra pública, es cuando acepta el reto de un club afecto al gobierno[26] de nombre Unión y Paz[27]. El enfrentamiento se realizó el 9 de agosto de 1914, consiguiendo el equipo Los Samanes una contundente victoria de 23 carreras por 7, que dio un gran ánimo y empuje al naciente equipo.

Para octubre de ese año se concierta una serie de juegos entre el Samanes y un modesto equipo de La Guaira de nombre Girardot, una novena que tenía cierta reputación ganada por derrotar al Santa Marta y al Independencia de Caracas; eran dos de los clubes más notables del momento. Este encuentro generó revuelo, según dicen los testimonios de la época, así como la *Enciclopedia del Béisbol en Venezuela,* debido a que un grupo de "desaliñados" seguidores del Girardot se acercó a las elegantes instalaciones del club Los Samanes para incomodar y amedrentar a jugadores y seguidores del aristocrático conjunto. El comportamiento de los seguidores del Girardot en el campo de Samanes consistió en insultos y ofensas destinadas a herir la susceptibilidad en los oídos de los aristocráticos jugadores y seguidores de Samanes no acostumbrados a este lenguaje.

Los dos juegos pautados en esa serie fueron ganados por los distinguidos jóvenes que, a parte de demostrar destrezas en el deporte, también probaron que podían soportar la presión de los fanáticos del Girardot.

Desde ese momento el club Samanes, que estaba compuesto por completo de antigomecistas[28], fue creando en el país un nuevo escenario

---

25 Según las crónicas deportivas, el club *Samanes* fue fundado el 7 de junio de 1914, y jugaban en terrenos cercanos y de propiedad de Nicomedes Zuloaga.

26 Este equipo se conformaba por empleados de las diferentes organizaciones de la administración pública nacional de la gestión de Gómez.

27 El nombre del club deriva del lema de Juan Vicente Gómez *"trabajo, paz y unión".*

28 Se sostiene esta aseveración debido a que la mayor parte de los integrantes fueron presos políticos

de lucha social, el béisbol. Por este motivo la novena contó con el apoyo de la burguesía y la enemistad de los sectores más populares y de los afectos al gomecismo. Es decir que al Samanes ser un conjunto que representaba una suerte de voz de protesta contra el régimen de Gómez se convirtió en el equipo de los que no estaban de acuerdo con las acciones del Benemérito. En contraste, los partidarios de Gómez (entre los que figuraban una buena parte de los sectores populares) se sintieron identificados por equipos como el Independencia, Girardot y otros. En síntesis, la rivalidad que protagonizaron estas dos novenas se fundamentaba casi en su totalidad en ideologías políticas contrapuestas, aunque esto no excluye la afición basada en la excelencia deportiva. Lo que quiero destacar es que había surgido una rivalidad política que se expresaba en el béisbol venezolano.

Para 1915 se inicia lo que se podría denominar como la segunda rivalidad del béisbol venezolano[29] protagonizada por Independencia y Samanes, que despertó algo nuevo en la pasión beisbolera del venezolano[30]. Las rivalidades anteriores, San Bernardino –vs.- Vargas y Samanes –vs.- Girardot (con la cual, manifiesto mi negativa con los cronistas al otorgarle el escalafón de rivalidad, ya que se midieron solo en dos o tres ocasiones), tuvieron evidentes motivos sociales, porque unos representaban a la alta sociedad y los otros a las clases menos poseídas; con la rivalidad Samanes e Independencia se le añadía la política. Sostengo esta postura debido a que el motor esencial de esta rivalidad no se medía exactamente en el terreno de juego sino que muy por el contrario estaba abonado en el ruedo político, porque Samanes venía a ser una suerte de vehículo de oposición disfrazado para todos aquellos sectores que, de una manera u otra, no simpatizaban con el régimen gomecista.

durante el régimen gomecista. Dos de sus principales jugadores y opositores a Gómez desde ese momento fueron el poeta Andrés Eloy Blanco y el futuro miembro fundador del PCV Gustavo Machado.

29 Muchos periodistas deportivos coinciden en que esta es la tercera rivalidad, ya que ubican como segunda a la del Girardot contra Samanes, sin embargo considero a ésta como un paso preparatorio para la rivalidad Samanes Independencia.

30 Independencia fue un equipo de vecinos de la Candelaria partidarios del régimen de Gómez y Samanes fue un club aristocrático contrario a la dictadura, por lo que añadieron la ideología política en el campo de juego.

Según cuentan las crónicas[31], la primera ocasión en la que estas dos novenas midieron sus fuerzas fue el 15 de febrero de 1915. Dice la leyenda que en el estadio de los Samanes el equipo independentista asumió el reto de enfrentarse al conjunto aristocrático en una serie de tres encuentros[32]. Sin embargo, debido a las condiciones sociales que representaban cada una de las divisas, sí existía, en medida de lo que la situación política permitiera, una creciente expectativa de disfrutar o presenciar la batalla beisbolera entre gomecistas y antigomecistas. Ese primer encuentro fue ganado por los jóvenes del equipo Samanes. La noticia fue asumida como una derrota para el gobierno, lo cual repercutió en los escritos del cronista de *El Nuevo Diario* quien solo colocó una escueta referencia al frenético encuentro, en donde deslució el club bandera del general Gómez. Es de esperar que las emociones y pasiones del béisbol se desbordaran en la población caraqueña al comprobar por primera vez que el general Gómez podía ser derrotado en algún campo de batalla. En este caso era el más inesperado pero de gran peso social.

La segunda de las confrontaciones tuvo lugar el 3 de marzo con *una concurrencia no menor a 3000*[33] *espectadores*[34]. El juego fue ganado por el equipo aristocrático con un convincente resultado de 10 anotaciones por 3. Esta noticia pudo saberse por el arriesgadísimo cronista del diario El Universal, en tanto que su homólogo del Nuevo Diario, muy disgustado, mandó a los peloteros del club Independencia a que se cortaran la coleta como lo hacen los toreros cuando se retiran del ruedo[35].

El último de los tres encuentros no llegó a realizarse debido a que, según fuentes oficiales, algunos de los jugadores del Samanes se hallaban indispuestos físicamente. Fuentes más imparciales refieren que Nicomedes Zuloaga y Gustavo Machado, quienes eran integrantes del club Los Samanes

---

31 En este momento no se puede hablar exactamente de una crónica deportiva sino que se hace alusión a las reseñas en diarios o pasquines que circularon.

32 En el momento de que se pactaran los cotejos no poseían el carácter de rivalidad propiamente dicha.

33 Este es un importante número de espectadores si, se toma en cuenta que para el año de 1915, según la Oficina Central de Información, Venezuela tenía una población aproximada de 2.483.000 personas.

34 El Universal. Caracas, 8 de marzo, 1915, pp. 5.

35 Enciclopedia del béisbol en Venezuela. Caracas, 2006, pp. 35.

junto con Salvador de la Plaza, Enrique Tejera, Alfredo Damirón y Diego Morales entre otros, firmaron el manifiesto de la Asociación General de Estudiantes, organización que se dedicó a denunciar los planes que tenía el general Gómez para perpetuarse en la presidencia. De inmediato el Benemérito ordenó la disolución de esa sociedad, clausuró la universidad y dictó orden de detención para todos los firmantes. La noticia de que algunos jugadores del Samanes estaban indispuestos físicamente resultó cierta, y es que varios de ellos fueron arrestados por meses con grillos en sus pies, otros debieron huir al interior o fuera del país. A esta historia no le faltan anécdotas novelescas, ya que Jesús Corao, el hijo de Manuel Corao[36], decide abandonar al club independentista para unirse a su acérrimo enemigo el Samanes, en donde tuvo una destacada participación, pero Jesús fue obligado por su padre a regresar al conjunto oficialista.

No fue sino hasta abril de 1918 cuando ambos rivales se enfrentaron en un duelo final. El encuentro se prolongó hasta la entrada 12, en el que un inatrapable de Corao dejó en el terreno y sepultó para siempre al conjunto de Samanes. Al terminar el encuentro, Nicomedes Zuloaga convocó a sus peloteros para decirles: *"Esto tomó un cariz político y no me conviene. No podrán seguir usando mis terrenos en El Paraíso"*[37]. Con estas únicas palabras, además de unas breves líneas que los caraqueños pudieron leer al día siguiente del encuentro, terminó la historia del gran Club *Samanes*: *"Por razones que son inútiles exponer, el club Los Samanes ha resuelto no continuar los juegos del campeonato[38] concertado, el cual en consecuencia es ganado por ustedes. (Nicomedes Zuloaga)[39]"*. Comentarios de los "encopetados" posteriores al encuentro acusan a Márquez Mármol (umpires o árbitro) de estar abiertamente parcializado hacia el club Independencia. Los dueños del

---

36 Manuel Corao fue ministro de Gómez y principal director del club Independencia. Con el paso de los años su hijo sería un destacado personaje de la pelota caraqueña y nacional.

37 Guía del Béisbol Venezolano. Caracas, Liga Venezolana de Béisbol Profesional, 2007, pp. 32.

38 Aunque en el testimonio citado se hace alusión a un campeonato se debe establecer una diferencia, ya que para ese momento no existía propiamente dicho un campeonato a modo de temporada sino que la figura que se manejaba no era más que una serie de juegos concertados en los cuales se otorgaba una premiación al vencedor.

39 El Universal. Caracas, 15 de abril de 1918, pp. 1.

Samanes donaron su estadio, aperos y hasta los uniformes[40] quizá como señal de abandono total del deporte que luego de darles la dicha, al involucrarse la política, les había traído desgracia.

## El Magallanes leva ancla

El 26 de octubre de 1917 se había empezado a gestar la conformación de un club que, a pesar de sus humildes orígenes, con el paso de los años se transformaría en uno de los más representativos[41] del país. Me refiero al equipo Navegantes del Magallanes.

Son variadas las versiones de los orígenes del nombre del club Navegantes del Magallanes[42], debido a que existen muchos rumores no sustentados que involucran al equipo con el régimen de Gómez. Otra versión menos demostrable es una en donde el Magallanes fue una divisa de extranjeros que querían exportar el béisbol al continente europeo. No obstante la versión sustentable data este acontecimiento a finales de 1917, más específicamente el día 26 de octubre. Se tiene que sus fundadores fueron un grupo de jóvenes aficionados que se reunían en un bar caraqueño ubicado entre las esquinas de Camino Nuevo y Morenos (Caracas). El local en cuestión, tenía el sugerente nombre de Back Stop, que servía de guarida a todos aquellos jóvenes ávidos de discutir temas referentes al béisbol. Una de las características que hizo popular a éste local fue la propiedad de ser un sitio de reunión multi étnica. Las nacionalidades más asiduas eran: italianos, portugueses, libaneses, españoles y por supuesto venezolanos. Esto derivó, quizás sin proponérselo, en el inicio de lo que con el transcurrir del tiempo ha sido una de las características fundamentales de la fanaticada que lo acompaña.

---

40 Algunos se conservan aún en el Museo del Béisbol Venezolano ubicado en la ciudad de Valencia (estado Carabobo).

41 Se considera al Magallanes uno de los equipos de mayor fanaticada, porque, además de ser el de mayor edad se ha mudado en varias ocasiones de sede, lo cual le da una aceptación considerable en todo el territorio nacional. Aunque esto es un debate abierto.

42 El nombre original era solo Magallanes. Según Hernán "Chiquitín" Ettedgui , la idea de colocarle el Navegantes, proviene del ingenio del periodista Abelardo Raidi en los inicios de la década de los 40.

Según dice la obra publicada por la fundación Magallanes, *La Travesía*: "... *un grupo constituido por cerca de 30 personas, entre sus principales componentes fueron: Antonio Benítez, Ricardo Salomón, Luis Belisario... (Entre otros), fundaron el aguerrido club Magallanes*"[43]. Estas personas, además de ser los hombres que posteriormente conformaron la dirigencia del equipo, también fueron jugadores de la divisa.

Según he podido reconstruir por medio de las fuentes bibliográficas[44] fue Antonio Benítez quien nombró Magallanes al equipo. La razón por la cual le dio está en el plano de la especulación, pero muchos testimonios afirman que Benítez era portugués[45], o, en su defecto luso descendiente, y por ésta razón quiso ponerle el apellido de un personaje preponderante de su cultura. Esta teoría podría sustentarse en el hecho de que Antonio Benítez fuera el dueño del Back Stop y por ende reclamara para sí los derechos de nombrar al conjunto. El origen del nombre aún no está confirmado por falta de datos escritos, sin embargo no son pocos los testimonios orales de la época que aseveran la nacionalidad lusa de Benítez; y en los que además agregan que, en su juventud, era marino y que se enorgullecía de comentar a sus compañeros que entre las proezas de su vida estuvo el haber cruzado el estrecho de Magallanes. Esta es la anécdota por la que muchos sostienen que el nombre de la novena se debió a que Benítez quería referir el hecho de que vencer a éste club era tan difícil como cruzar el estrecho Magallanes. En todo caso, la escogencia del nombre del Magallanes se hizo por elección entre los miembros fundadores del equipo.

En esos duros inicios del Magallanes participaban algunos jugadores libaneses, lo que dio motivo a que se le apodara como el Club Turco o Nave Turca, mote por cual aún se le nombra en la actualidad[46]. Esta particularidad de su róster también le granjeó una nutrida fanaticada de libaneses.

---

43 Giner García, Emil Bracho, "La Travesía". Caracas, 1996, pp. 7

44 Rubén Mijares, Daniel Gutiérrez, "Magallanes para todo el mundo". Caracas, 1993, pp. 5

45 Según Javier González, Antonio Benítez nació y murió en la ciudad de Caracas. *El Béisbol en Venezuela*. Caracas, pp. 38, 2003.

46 En Venezuela se suele asociar a todas las personas originarias del Medio Oriente con Turquía, es decir que indistintamente se les llama turcos a iraquíes, libaneses, sirios y otros. De igual forma ocurre con los originarios de Asia, a quienes los venezolanos llaman chinos así sean japoneses, coreanos, etc.

El primer encuentro del Magallanes se efectuó el día 24 de febrero de 1918, cuando se enfrentaron a un modesto club llamado Flor del Ávila, y a pesar de que perdieron con un abultado marcador de 20 carreras a 6, dejaron un sabor agradable en los espectadores (tal vez por la novedad de ver a jugadores no americanos jugando béisbol). Esta primera etapa de la divisa magallanera no duró mucho tiempo, ya que en ese tiempo el país sufrió los fuertes impactos de la peste, mejor conocida como "la gripe española", que acabó con un importante número de personas, entre ellos, figuró el jugador del Magallanes Emilio Meneses, quien para ese tiempo era el único lanzador del equipo[47]. A pesar de la muerte de un considerable número de caraqueños, y de la prohibición gubernamental de reuniones públicas para que no se propagara la peste, el béisbol se siguió practicando. Para ese mismo año un acontecimiento "mató gripes de cualquier nacionalidad" y dejó huellas en la pelota venezolana, más específicamente en los avances tecnológicos, estoy haciendo referencia a la visita de un club puertorriqueño a Venezuela. El Borinquen Star estuvo de gira por Caracas y otras ciudades del país, conmocionando una vez más los ánimos, tanto patrióticos como de la estricta pasión peloteril. De esta visita, la práctica del béisbol venezolano se empapó de métodos desconocidos para los jugadores y fanáticos del momento. Acciones como: las nuevas reglas o usanzas[48] del corrido de las bases, la novedad del empleo de los lanzadores de relevo y por supuesto, el verdadero papel que debería cumplir el capitán en el juego, la cual era hasta ese momento una figura meramente representativa. Otra de las novedades que trajo el Borinquen Star, fue el empleo de los zapatos de clavos en las suelas, aunque éstos ya eran conocidos en el país desde cuatro años antes, lo que sí hay que acotar es que no eran de uso obligatorio.

El primer juego fue el 26 de mayo de 1918 en el "moderno" Stand de Béisbol, allí el club boricua derrotó al Independencia con marcador de 5 por 1. Pero para regocijo y desquite de la fanaticada venezolana, el club Santa Marta logró vencer el día 9 de junio al duro visitante con marcador de 3

---

47 No debe sorprender que un club desapareciera por la muerte de un integrante, ya que, en la época los equipos se conformaban únicamente de los 9 jugadores del campo.

48 Usanzas tales como el robo de base, abrirse en las almohadillas cuando el lanzador se viene a la goma. Así como el verdadero rol del capitán y el manager de un equipo y de igual modo el empleo de pitchers de relevo.

anotaciones por 2. Los puertorriqueños estuvieron en el país hasta agosto, y jugaron con distintas novenas del interior del país, tales como: Estrellas Rojas, Independencia (estos dos representantes de Caracas), Independencia de Puerto Cabello, Cincinati de la Guaira, Lara Béisbol Club y Zulia Béisbol Club. De ésta distinguida visita quedó el aprendizaje de modernas técnicas para el momento.

Para octubre de ese año recrudeció la peste, y aunque hasta noviembre se jugó en Sabana del Blanco y en el Stand de Sarría, la gripe española reclamó la vida de numerosos peloteros y, para diciembre se suspendieron los encuentros[49].

Una vez restablecida la seguridad sanitaria, al menos en buena medida, hacia el mes de febrero de 1919 recomenzó el béisbol. Numerosos diarios[50] se dedicaron a publicar y hacer reseñas en sus páginas de artículos y comentarios sobre los partidos efectuados, la destacada participación de algún club o pelotero en particular, lo que sirvió para recuperar el tiempo perdido a causa de la peste.

Entre el 5 de octubre y el 6 de noviembre el país se vio engalanado al recibir la visita de otro equipo puertorriqueño el Fisk Cord, al cual lo precedía una gran fama. Según el cronograma realizaron seis encuentros; el primero de ellos fue, para variar, contra el equipo élite del benemérito Juan Vicente Gómez, es decir el Independencia, ya que se hizo una práctica común que, cada vez que algún equipo se hacía de cierta fama ganadora, o más aún si el país recibía la visita de algún club extranjero, quien le daba la bienvenida era el Independencia. El primero de los encuentros se llevó a cabo en el Stand de Béisbol, que a partir de ese día se empezó a llamarse Independencia Park. El equipo local perdió el encuentro ante una inmensa cantidad de fanáticos que desde las 8 de la mañana estaba aupando a los clubes. Sin embargo, fue nuevamente el

---

49 Es necesario acotar que se suspendieron los encuentros, no por los jugadores sino por decreto presidencial, ya que se eliminaron todos los eventos de carácter público, para de este modo evitar todo tipo de aglutinación de personas y evitar la propagación del virus.

50 Entre los que les puedo hacer mención: El Universal, El Nuevo Diario, El Imparcial, Agencia Pumar y demás gacetas y boletines.

Santa Marta el que tomó la venganza en sus manos (o mejor dicho en sus guantes y bates), esa fue la única derrota que sufrieron los visitantes en toda su gira. Esto, sin lugar a dudas, agrandó el liderazgo del Santa Marta en el país, ya que fue la única divisa que venció a los dos conjuntos puertorriqueños.

A raíz de los triunfos del Santa Marta ante conjuntos de rodaje internacional, el cronista del diario El Universal, Germinal, publicó un comentario en su columna, en donde proponía hacer una liga oficial de béisbol para ver si alguien era capaz de vencer al conjunto guaireño (el Santa Marta). La propuesta tuvo gran aceptación en el mundo peloteril nacional, pero por diversos motivos de tipo político, entre los que se puede citar la muerte de Juan Crisóstomo Gómez (Juancho)[51], toda esta inestabilidad en el país provocó que no se pudiera jugar pelota regularmente en los primeros años de la década de los 20. Era una práctica común que, cuando existía una situación política o social delicada el proceder más frecuente por parte de Gómez era disolver todo tipo de reunión para evitar cualquier posible conspiración contra su vida y gobierno.

## Camino a la profesionalización

Fue en el año de 1925 que el país estuvo en una relativa calma y tranquilidad en los parques de pelota y en ese mismo año se organizó, o mejor dicho se creó una divisa que se puede afirmar sentó las bases en las que posteriormente se erigiría con notable preponderancia en el béisbol venezolano: Leones del Caracas. Esta novena primero se llamó Royal y luego Royal Criollos[52].

Para éste año se dieron los primeros pasos en aras de institucionalizar la práctica del deporte de las cuatro esquinas en el país y entre los pasos más importantes estuvo la fundación de la Asociación Nacional de Béisbol (ANB). Ésta institución se crea en 1926 por iniciativa de Carlos Márquez

---

51 Hermano del presidente Juan Vicente Gómez, y además detentaba el cargo de primer vicepresidente.

52 Para algunos cronistas como Miguel Acosta Saignes, el Royal fue fundado en agosto de 1922.

Mármol, Juan Parra y Jesús Corao[53]; este es el primer organismo del país con la misión de coordinar todas las actividades del acontecer beisbolero. Si bien es cierto que su área de influencia geográfica no se extendió más allá de los terrenos de la estación central del ferrocarril, tampoco es menos verdadero tuvo una labor impecable que además sentó las bases para el fenómeno que significó y aun significa el béisbol organizado en el país. Los esfuerzos de la ANB se vieron concluidos por una serie de divergencias entre algunos de los hijos del general Gómez y otros miembros de la asociación, los cuales no estaban para nada de acuerdo con que se mercantilizara la práctica del béisbol, pero producto de esta disputa y la consecuente renuncia en pleno de toda la Junta Directiva de la ANB se abonó el terreno para la creación de la Liga Nacional del Béisbol (LNB), que nació por los esfuerzos de los hijos del dictador y del cubano Edgar José del Valle. Los fundadores de la LNB fueron, además del ya mencionado Edgar del Valle, Florencio, Gonzalo, Vicente y José Rosario Gómez (todos hijos del dictador).

La liga tenía como propósito el organizar los torneos de pelota amateur y los de primera categoría, dichos encuentros tendrían lugar en el Stand de Béisbol[54]. Según relatan las fuentes[55], el 26 de junio de 1927 quedó formada la Liga Nacional de Béisbol:

> *...en donde en sus principales estatutos quedó registrado que de forma anual se organizaría un torneo de béisbol de primera categoría, en donde ya quedaba establecido que se cobraría las entradas y por demás se comercializaría todo lo concerniente a la publicidad, todo esto era con el objeto de ayudar al señor Edgar del Valle con los gastos que ha hecho para la construcción del nuevo estadio (el Stand del Valle), por su parte el señor del*

---

53 Márquez Mármol era un umpire retirado. Juan Parra era promotor y cronista deportivo y, Jesús Corao fue jugador de béisbol con Los Samanes y con Independencia, para luego dedicarse con éxito a la promoción deportiva.

54 Aunque existía un torneo amateur y uno de primera categoría, no quiere decir que éste último fuera profesional, es sólo que era de mayor nivel, porque la profesionalización del béisbol fue muy posterior.

55 Daniel Gutiérrez, Efraín Álvarez y Daniel Gutiérrez H, "Enciclopedia del Béisbol en Venezuela". Caracas, 2006, pp. 44.

*Valle se compromete a pagar por cada juego 1000 bolívares al equipo ganador y 500 a la perdedora...*[56].

De éste modo, se puede decir que "inició la pelota rentada" en el país. Es importante aclarar que se dice rentada porque posterior a los juegos existía una remuneración. No obstante, esto es muy diferente de la pelota profesional, debido a que en ella se le devenga un salario establecido a los jugadores, mientras que, en esta época, la alícuota de ganancia era empleada para el mantenimiento de los clubes y las instalaciones, mas no para la remuneración de los jugadores.

Se estableció de común acuerdo con los miembros pertenecientes a la nueva Liga de Béisbol Nacional que el torneo de primera categoría tendría lugar para el mes de septiembre de 1927, mientras se le hacían algunas reparaciones pertinentes al Stand del Valle o Stand del Béisbol. Pero, sin embargo, concertaron hacer primero un torneo de amateur, para lo cual se tuvo que hacer una entidad que se ocupase de coordinar su organización y ejecución. Considero justo aclarar que, aunque existía una división en los torneos (Primera Categoría y Amateur), ninguna de las dos debe interpretarse como profesional. La división viene dada en la calidad de juego, en donde la de Primera Categoría era de mayor exigencia y no en el aspecto remunerativo.

Para el mes de julio de ese año se conformó la Federación Venezolana de Béisbol (FVB), quienes para agosto dieron play al torneo amateur de béisbol, en donde se dieron cita 14 clubes pertenecientes a dicha categoría, entre los que podemos mencionar al Estrellas Rojas, el San Martín[57] y por supuesto el recién reorganizado Navegantes del Magallanes que, cual ave fénix, renació de sus cenizas para volver al ruedo deportivo, pero eso si, con parte de su directiva original, como Antonio Benítez y Ricardo Salomón, usando como lugar de reunión el local Back Stop. Un solo partido pudo jugar la novena turca en ese primer torneo de segunda

---

56 Efraím Álvarez, Daniel Gutiérrez, Daniel Gutiérrez jr, "Enciclopedia del Béisbol en Venezuela". Caracas, 2006, pp. 60.

57 Equipo que concluyó como campeón de ese primer torneo.

categoría y lo perdió ante el ya mencionado Estrellas Rojas, con marcador de 20 carreras por 11.

Al día siguiente de este nuevo descalabro magallanero se vio en la prensa caraqueña los siguientes versos escritos por un poeta que se hacía llamar Juan Parao:

*¡Pobrecito el Magallanes que lo tienen empavado!*

*Con un uniforme horroroso como chocolate aguao...*[58]

*Como guayuco de mono*

*Como calzón embarrado*

*Como burro revolcado...*

*¡Pobrecito el Magallanes que lo tienen empavado!*[59]

Esto no desanimó a la fiel fanaticada del club que desde sus mismos inicios contó, cuenta y contará con una afición de probada fidelidad. Debido a estos seguidores fue que pasó de ser un equipo perdedor a convertirse en uno capaz de estar al nivel del Santa Marta y del Royal, quienes eran los más notables del momento[60].

El 18 de septiembre de 1927 se dio inicio al torneo de primera categoría, avalado por la LNB y la FVB. Los equipos que estuvieron en este fueron: Royal Criollo, en representación de Caracas, el Maracay de Aragua, el Santa Marta de La Guaira y el 29 de Julio Militar, equipo que representaba a las Fuerzas Armadas Nacionales. Este último fue el campeón (sorpresivo para muchos) de ese primer torneo que, como es de imaginarse, sumó mayor cantidad de seguidores al apasionante juego de béisbol.

El auge que cobró la pelota en ese año incentivó a numerosos empresarios

---

58 El uniforme usado por el Magallanes para ésta época era de color marrón claro.

59 Pasión Centenaria, Colección Cine Archivo, Cinesa. 2017.

60 Los fanáticos Magallaneros, al igual que su directiva tuvieron un cambio de aptitud y dejaron de ser los seguidores de un equipo de vecinos para aupar y exigir la más alta calidad de sus jugadores.

a invertir en los próximos torneos y financiar la construcción de un nuevo parque de pelota, el San Agustín, que por muchos años fue el referente obligado de los escenarios peloteriles del país. El 29 de enero de 1928 se dio la voz de play por primera vez en este parque, y tuvo como protagonistas a una novena norteamericana, el Crisfield Crabers y al gran matador de extranjeros Santa Marta, que siguió haciendo valer su condición de vencedor al dominar a los visitantes con score final de 3 rayitas por 1. Pero no todo fue rosas en el San Agustín, ya que solo dos semanas después de su inauguración los asuntos políticos interfirieron los juegos. Durante la celebración de los carnavales un numeroso grupo de estudiantes de la UCV organizaron una serie de eventos destinados a recaudar fondos para la creación de la Casa Andrés Bello o Casa del Estudiante, lugar que serviría de morada para todos aquellos estudiantes del interior que no tuvieran donde vivir en la capital. La jornada del día concluyó con una brutal represión por parte de los organismos de seguridad quienes consideraron subversivos los discursos de los estudiantes. No hubo más béisbol organizado en el resto de ese año y, como producto de la represión gomecista, el venezolano, en especial el caraqueño, se refugió en el deporte, y de entre ellos el principal fue el béisbol, porque, aún cuando se prohibieron los torneos organizados, los caraqueños de igual modo seguían jugando pelota de manera no oficial en las llamadas caimaneras[61] Por éstas razones fue que la pelota criolla, en ese año de 1929, vio nacer dos manantiales de pasión beisbolera, los cuales fueron: El Gavilanes[62] -conjunto maracucho que hizo vibrar el diamante por varios años- y la rivalidad Royal Criollo contra Navegantes del Magallanes[63].

---

61 Caimanera es un término del béisbol que denota un encuentro amistoso y sin la rigidez propia derivada de las normas del juego.

62 Gavilanes y Rapiños protagonizaron una linda y enconada rivalidad en la llamada Liga Occidental.

63 Dicha rivalidad puede entenderse literalmente como el origen de la actual Caracas - Magallanes.

## Origen de la rivalidad de rivalidades

El cambio del Magallanes para convertirse en una novena ganadora fue más de mentalidad que de juego, ya que tuvieron que dejar de ser ese equipo amateur y casi familiar para buscar jugadores destacados. El Magallanes vio su oportunidad de oro de hacerse un nombre notable entre los fanáticos en el año de 1929 cuando venció en dos ocasiones al temible Santa Marta. Luego aprovecharon que el Santa Marta había vencido en tres ocasiones al Royal Criollo, para retar a éstos últimos una vez más, ya que en la primera ocasión en que la nave turca retó al club royón[64], éstos últimos desestimaron la invitación por considerar que el Magallanes era un rival de poco nivel. En ésta oportunidad el equipo Royal aceptó el desafío, pero en realidad lo hizo más por la necesidad de quitarse el mal sabor de boca de las tres derrotas anteriores ante el Santa Marta. Se acordó una serie de tres encuentros en donde, además de jugarse la Copa Londres, el Royal se jugaba su honor y el Magallanes la oportunidad de batear un hit con la fanaticada nacional. La Nave Turca pese a perder el primer encuentro fue capaz de remontar de una manera brillante y ganar los otros dos para de éste modo darle vida a la primera rivalidad de la escuadra magallanera.

El 15 de febrero quedó constituida la Asociación Venezolana de Béisbol (AVB), que sería el órgano rector de la coordinación de los campeonatos de Primera División. El 16 de abril, fue la fecha en la cual se pautó el inicio del torneo de oro o de primera, los juegos se hicieron en el Parque San Agustín, y tuvieron como participantes a cinco conjuntos: Cincinati, Santa Marta, Latinos, Royal Criollo y Magallanes. Y no podía empezar de otra manera que con un enfrentamiento entre Royal Criollo y los "Diablos Rojos"[65], en donde éstos últimos ganaron con apretada pizarra de 2 anotaciones por 0.

Para finales del torneo estaban empatados con 8 triunfos por 4 reveses el Cincinati y el Magallanes, por lo que la Asociación Venezolana de Béisbol decidió hacer el juego de desempate el día 28 de septiembre, en donde el club turco venció a su similar con marcador de 4 anotaciones por 0, para de éste modo alzarse con el título de ese campeonato.

---

64 Royón era la denominación con la que se le conocía al club Royal Criollo.

65 Diablos Rojos fue otra de las denominaciones del conjunto magallanero, ya que en la parte superior de una de las mangas de la camisa tenían el dibujo de una cabeza de diablo.

Antiguo Stadium de beisbol San Agustín en Caracas, el más emblemático
en las décadas de los años 20, 30 y 40. Colección Luis Felipe Toro

Beisbol de ayer en el terreno de Campo Alegre. Año 1.928.
Biblioteca Nacional de Venezuela, Archivo Audiovisual, Colección Catalá

Uno de los tantos juegos realizados en los terrenos de Campo Alegre en el año 1.928.
Biblioteca Nacional de Venezuela, Archivo Audiovisual, Colección Catalá

Joven jugando al beisbol. Biblioteca Nacional de Venezuela,
Archivo Audiovisual, Colección Catalá

Jugador de beisbol de los años 20. Biblioteca Nacional de Venezuela,
Archivo Audiovisual, Colección Catalá

Equipo de Beisbol. Biblioteca Nacional de Venezuela, Archivo Audiovisual, Colección Catalá

# La pelota pica y se extiende fuera de nuestras fronteras 1930-1964

Este capítulo se va a dividir en dos etapas. La primera que comprende la consecución de los torneos de Primera Categoría hasta la obtención del Campeonato Mundial de Béisbol Amateur de 1941, que marcó un antes y un después en la concepción del béisbol venezolano por parte del fanático, debido a que se asumió a Venezuela como una potencia mundial en el deporte de las cuatro esquinas; y una segunda etapa que inicia con el arribo de esos campeones del 41 al país, cómo repercutió ese campeonato en el béisbol venezolano, interés de los empresarios en fundar definitivamente una liga profesional de béisbol venezolano, inicio de la rivalidad entre el Cervecería Caracas y Navegantes del Magallanes. Esta etapa y el capítulo llegan a su conclusión en 1964, cuando empieza a consolidarse la pasión de la rivalidad Caracas – Magallanes.

**De las series nacionales a la gloria en La Habana**

El capítulo anterior finalizó con la coronación del Magallanes en el torneo de 1930. En este momento por un decreto gubernamental[66] "se prohíbe la

---

66 Dicho decreto, de manera racista prohibía bajo pena de cárcel a cualquier equipo que contratara a jugadores de color. Las razones nunca fueron expuestas, pero coinciden con  las llamadas ligas negras en EEUU, la cual era una liga paralela a las grandes ligas, pero donde solo participaban jugadores de color.

entrada de negros al país". Para muchos esta fue una artimaña empleada por los hijos de Gómez, accionistas del Royal, para dejar al Magallanes sin su estrella importada y héroe de esa temporada Francisco "El Negro" Coimbre. Tal vez esta aseveración se ubique en el plano de la controversia y de la especulación, pero es necesario recordar que la prensa escrita así como las crónicas del momento reflejaban los acontecimientos de una forma completamente subjetiva y, he querido traer a colación esta anécdota para reflejar los altos grados de intensidad que para el momento despertó la práctica del béisbol. Es probable que la intencionalidad del referido decreto[67], no obedeciera a ningún motivo referido al béisbol, pero era tanta la pasión por el béisbol en el momento que el pueblo asumía esto como una realidad que deja abierta una ventana hacia el pasado donde se puede medir la intensidad de la pasión en los fanáticos. Lo único que puedo agregar con respecto a este asunto es que el decreto coincide con el recrudecimiento de las pugnas raciales en los Estados Unidos, que repercutió en la creación de las Ligas Negras, una suerte de Grandes Ligas pero conformada en su totalidad por jugadores negros. En tal sentido, si se asume con un enfoque crítico, no se han conseguido en esta investigación ningún tipo de documento que sustente la aseveración de los fanáticos del momento.

En 1931 el Royal Criollo se titula campeón del torneo nacional, logrando la anhelada revancha sobre el Magallanes. Este torneo tuvo como principales atractivos la participación de Alejandro "El Patón" Carrasquel[68], y la primera transmisión de un juego de pelota por radio[69]. El encuentro se realizó el 31 de marzo de 1931. La narración de las acciones estuvo a cargo de la voz de Esteban Bayesté, quien era un afamado locutor cubano ligado al béisbol nacional. Como se podrán imaginar, esta nueva tecnología superaba de gran modo a la transmisión por teléfono, que además de costosa era incómoda. Para el béisbol la radio fue revolucionaria, ya que se podía saber de un juego

---

67 En el proceso de investigación de esta obra, no  pude ubicar el mencionado decreto, se tiene conocimiento de su existencia por referencias encontradas en las fuentes bibliográficas. Aparece reseñado en el libro de Rubén Mijares y Daniel Gutiérrez, *Magallanes Para Todo el Mundo*. Caracas, 1993, pp. 7.

68 El mismo que años después sería el primer venezolano en jugar en las Grandes Ligas .

69 No podía ser de otro modo sino con la narración de un juego entre los clubes más seguidos del momento, Magallanes Vs. Royal.

así no se estuviera en el lugar de los hechos. Esta tecnología despertó la pasión en los cada vez más furibundos seguidores que se reunían en locales para seguir las acciones de la pelota.

La radio es una suerte de termómetro de la pasión y aceptación deportiva, para este caso el béisbol. Este deporte hasta los años 30 tenía la problemática de que la única manera de enterarse de lo ocurrido en tiempo real era asistiendo al parque de juego, pero la radio vino a ampliar el radio de divulgación del béisbol. Antes de la radio los clubes tenían menos fanaticada, pero con su aparición en las casas y locales los fanáticos contaron con una herramienta para disfrutar, no solo del juego sino de una descripción pormenorizada de las acciones, de la apariencia y actuación de los jugadores, del estado en que se encontraba el parque, del número aproximado de los asistentes a cada encuentro transmitido, etc.

Los jugadores y los clubes se dieron a conocer también debido a que era común que en las cajetillas de cigarrillos de la época se comenzaron a incluir las primeras series de barajitas de béisbol. Asimismo se le puede añadir el hecho del surgimiento de unas nuevas disciplinas aplicadas y relacionadas con el deporte en general, tales como el periodismo deportivo y la crónica deportiva, ya entendida como una profesión objetiva[70].

Para la zafra de 1932 el desempeño de la liga es realmente extraordinario, es por ello que Gonzalo Gómez[71] ve su oportunidad de invertir nuevamente en el negocio del béisbol, y decide fundar El Concordia, un club que en pocos años tuvo la mejor importación del momento y que entre sus luminarias contó con el lanzador cubano Martín Dihigo[72]. Pero no todo fue dulzura para el béisbol nacional en

---

70 Se hace alusión con una disciplina objetiva, ya que se profesionalizó la divulgación deportiva, en el sentido que se buscaba una objetividad al momento de argumentar algún acontecimiento, lo cual antes de la radio no era una necesidad. Tanto la crónica como el periodismo deportivo han contribuido a la masificación del conocimiento del juego y a la sumatoria de fanáticos que comparten opiniones o se interesan en el tema.

71 Hijo de Juan Vicente Gómez y copropietario del equipo *Independencia*.

72 Martín Dihigo Llanos natural de la provincia de Matanzas (Cuba) es considerado por varios peloteros como uno de los mejores jugadores de la historia. El cronista deportivo Juan Vené lo considera "Superior

ese año ya que el Royal, a pesar de que se llevó el campeonato, empezó a decaer por motivos económicos. Peor suerte tuvo el Magallanes, que se vio forzado a retirarse de la contienda por razones de la misma índole. El Magallanes de finales de los años 20 e inicios de los 30 era prácticamente un club "familiar", en el sentido que sus jugadores eran vecinos de Catia y cuando quisieron reforzarse con jugadores de otros estados como "El Pollo" Malpica, que  exigían un sueldo[73], se les hizo imposible seguir teniendo a flote a la novena. De éste modo el Magallanes se retiraba de la pelota por segunda vez[74]. El jugador más valioso de ese torneo fue el  ya mencionado Alejandro "Patón" Carrasquel, del conjunto royón, quien se lució al cosechar nueve de las diez victorias que, como ya se ha dicho, le valió a su novena el campeonato. La jornada más recordada de ese año la protagonizó el serpentinero cubano Silvino "El Sordo" Ruiz, quien vistiendo la camisa del Concordia, el día sábado 18 de noviembre, lanzó el primer juego perfecto de la liga venezolana ante el equipo Pastora[75].

Las joyas de picheo fueron varias, ya que: "*... si en 1933, un sordo se había dado el lujo de completar un juego perfecto, en enero de 1934, un gago se convertiría en el primer venezolano en lanzar un no hit no run...*"[76]. Traigo a colación esto porque para el 14 de enero de 1934 Miguel "Gago" Ibarra, un joven caraqueño de corta estatura pero con mucho poder en

---

a todos los bigleaguers" porque a su juicio tenía todas las habilidades deseables en un pelotero: "... contacto, poder, buen brazo, buenas manos, corría bien las bases, y además era tremendo pitcher". Mientras que el jonronero Johnny Mize (miembro del Salón de la Fama) sostuvo en una memoria personal lo siguiente: "El más grande jugador que vi nunca fue un negro. Está en el Salón de la Fama, aunque poca gente en Estados Unidos haya oído hablar de él. Se llama Martín Dihigo". en: Carlos Garrocho Sandoval, *Por los diamantes de ayer: el San Luis del 47,* pp. 102.

73 Este salario, en líneas generales, era  simbólico y, no tenía un carácter legal, ya que todavía no se asumía al jugador de béisbol como un profesional.

74 Aunque se fue a la quiebra por segunda vez en su historia, el Magallanes fue tan importante que marcó la toponimia de su región, ya que el nombre Magallanes de Catia se debe al club de pelota.

75 La virgen "Chinita" ayudó al cubano dijeron muchos fanáticos zulianos, haciendo clara alusión a que el día del juego perfecto lanzado por el "sordo" Ruiz fue el día de la Virgen del Chiquinquirá, patrona de los zulianos.

76 Daniel Gutiérrez F, Efraín Álvarez, Daniel Gutiérrez G, *Enciclopedia del Béisbol Venezolano.* Caracas, 2006, pp. 80.

el brazo, logró la tan complicada proeza en el Estadio San Agustín ante el conjunto América[77].

Al concluir la temporada 1934[78], el campeón resultó ser el Concordia. Para el año siguiente por motivos que en realidad son esquivos en las fuentes escritas se retira del béisbol el *Concordia*, pero algunas de tipo testimonial refieren con suspicacia que su desaparición se debió más a los antojos de Gonzalo Gómez. Esta teoría se puede sustentar en el hecho de que la gran mayoría de los mejores jugadores del Concordia, fueron a reforzar las filas del Royal Criollo, equipo en el cual también tenía sus intereses el hijo de Gómez. Para 1935 el "conjunto royón" obtiene el título. También en esa zafra hizo su debut con el Royal el jugador que en el concepto de numerosos estudiosos de la historia del béisbol venezolano coinciden en que es uno de los más grandes peloteros que jugaron en el país para esa época: Vidal López "El Muchachote de Barlovento"[79].

Ese mismo año el país fue sorprendido con la muerte del dictador Juan Vicente Gómez. Una nueva crisis política le cae como un balde de agua fría a todos los sectores de la vida nacional en donde no queda excluida la cada vez más fortalecida pasión beisbolera. Eleazar López Contreras es el nuevo Presidente de la República, quien inaugura una etapa donde se sientan las bases de la democracia, con la implantación de gobiernos transitorios que adaptarían a la nación de un modelo político dictatorial a otro gradualmente democrático. Por el ambiente de inestabilidad política y la suspensión momentánea del béisbol en Caracas algunos de los principales jugadores criollos e importados van a engrosar las filas de distintos clubes colombianos y del Caribe[80].

---

77 El "Gago" Ibarra fue otra de las tantas luminarias del Royal Criollo; y su juego sin hit terminó con apretado marcador de 1 a 0.

78 Ese mismo año se constituye la primera asociación de cronistas deportivos de Venezuela, que tuvo entre sus ilustres miembros fundadores a Miguel Acosta Saignes.

79 Éste fue el apodo con el cual se conoció a Vidal López. Se le denominó de ese modo debido a su gran corpulencia y tamaño.

80 Uno de los principales emigrantes fue Luis Aparicio "El grande", (padre del salón de la fama). El gran jugador nativo fue a la República Dominicana con el conjunto de Licey.

No fue sino hasta el 5 de julio de 1936 que la capital venezolana tuvo actividad en el diamante[81] con la Octava Serie de Béisbol de Primera Categoría. En ésta ocasión, los clubes asociados eran: Gavilanes, Caracas, Santa Marta, Cardenales y Senadores, este último conquistó el título apoyado en la extraordinaria participación del lanzador cubano Manuel "Cocaína" García, apodo este, que fue dado por los jugadores y cronistas de la época, gracias al frecuente estado de hiperactividad que presentaba en el juego.

Con la experiencia de casi diez años de las Series Nacionales de Béisbol obteniendo excelentes resultados, en 1938 la Asociación Venezolana de Béisbol (AVB) decreta la desaparición de los campeonatos de Primera Categoría o Series Nacionales, dando paso de este modo a los Campeonatos de Primera División[82]. Lo más resaltante de la pelota criolla de ese año no provino de los torneos nacionales sino de un juego internacional: la primera confrontación de una selección venezolana contra una cubana. Aunque los cubanos ganaron con ajustado marcador de 5 anotaciones por 4, el conjunto nacional dejó bien claro su poderío en el juego. Este tuvo lugar en el marco de los Juegos Centroamericanos y del Caribe celebrados en Panamá. Los fanáticos venezolanos comentaban emocionados la proeza de los peloteros, lo cual fue sentando las bases para la rivalidad beisbolera entre ambas naciones, que tuvo como punto crucial el año de 1941.

En 1940, en medio de la temporada, Venezuela es invitada a participar de la Serie Mundial Amateur a realizarse en Cuba y *"De inmediato Santana Anzola, presidente de la AVB, Abelardo Raidi (delegado del club Vencedor de Valencia), y Yanecito (propietario del Venezuela), iniciaron las gestiones para obtener el financiamiento necesario para el viaje a La Habana"* [83]. El monto a recaudar era de 11.000 bolívares. Se solicitó ayuda al gobierno, del cual obtuvieron una negativa por medio del ministro de educación Dr. Arturo Uslar Pietri:

---

81 Se aclara que el béisbol regresó a la capital, ya que en el interior del país no se dejó de jugar pelota a la muerte de Gómez.

82 Aunque parezca una medida trivial, pero fue muy importante para incrementar la calidad del desempeño de los jugadores y por ende la respuesta de los cada vez más fervientes fanáticos, que demandaban un nivel mayor de exigencia de los jugadores y por ende de la liga.

83 Daniel Gutiérrez, Efraim Álvarez y Daniel Gutiérrez G. *La enciclopedia del béisbol en Venezuela.* Caracas, pp. 89.

*"... El ejecutivo está en un plan de estricta economía (...) a causa del conflicto mundial"*[84]. El comité organizador de la AVB se dispuso recaudar la suma para la participación de Venezuela en este evento, con la realización de diversas actividades peloteriles, entre las que resaltó la realización de un juego "amistoso" entre los antiguos rivales Royal Criollo y Navegantes del Magallanes (vale la pena destacar que ambas novenas habían desaparecido años antes). Aunque los resultados no fueron los esperados, ya que Venezuela quedó de cuarto lugar, no se puede catalogar de mala participación puesto que era la primera ocasión en que alguna selección nacional se hacía presente en un evento de tal categoría. Muy por el contrario fueron de notable valía la experiencia y el bagaje internacional obtenido por los jugadores y técnicos de la selección, quienes para las venideras series mundiales se armarían mucho mejor.

Al año siguiente (1941), tuvo lugar la treceava temporada de primera división, dando como equipo campeón al Venezuela del popular "Yanecito". De esta temporada es rescatable, desde el punto de vista de la pasión desbordada por los fanáticos, la reaparición de los Navegantes del Magallanes, quienes arengados por el público que llenó el parque para verlos jugar en el encuentro pro fondos de la selección nacional, dirigieron velas hacia los puertos del triunfo. Para ser una novena que acababa de reaparecer no le fue nada mal, puesto que obtuvieron el segundo lugar. Los seguidores magallaneros se dieron un gran banquete brindado por el "Muchachote de Barlovento" quien se lució al lanzar dos juegos sin hit ni carreras en esa temporada, con una efectividad de 0.67, siendo el mejor de la liga en éste departamento y además un bateador temible.

## Los héroes del 41

Lo realmente valioso de ese año 41, y que dejó una marca indeleble en la historia de la pelota nacional, fue la Serie Mundial de Béisbol Amateur, que produjo el desbordamiento de la pasión de la fanaticada venezolana. Para esta serie el delegado por la AVB encargado de reclutar a los mejores jugadores venezolanos por todo el país fue el periodista deportivo Abelardo Raidi quien

---

84 *Diario el Universal.* Caracas, 07/08/1940, Página 6.

relató en una ocasión lo siguiente: "Me fui a Maracaibo, porque en esa época, los jugadores zulianos  eran muy buenos (...) escogí dos jugadores y yendo por la carretera me encontré con Luis Romero Petit..."[85]. El joven marabino trabajaba en un campo petrolero pero los fines de semana se dedicaba a jugar pelota, donde adquirió una muy buena reputación. De aquel encuentro dirá Romero Petit años más tarde: *"...el día que Abelardo Raidi se me apareció al campo petrolero donde yo trabajaba en Cabimas me dijo: prepárate porque te vienes conmigo para Caracas..."*[86] Otro de los jugadores abordados por Raidi fue el caraqueño Héctor Benítez Redondo quien confesó: *"Yo estaba en el Cine Catia, cuando avisaron por el micrófono: Benítez Redondo se tiene que presentar porque está metido en la selección que va para La Habana"*.[87]

El señor Raidi reunió jugadores de todas partes del país. De Caracas se escogieron, como era de esperarse, peloteros del conjunto Venezuela, campeón de ese año; mientras que del Magallanes se tomó a "Chucho Ramos"; de la provincia se tomó a Luis Romero Petit, Dalmiro Finol, Domingo Barbosa y Ramón "Dumbo" Fernández. La delegación completa estaba comprendida por: Carlos Mol (coach); Jesús Corao promotor deportivo, Juan Francisco "El Gatico" Hernández, Domingo Barbosa, Ramón "Dumbo" Fernández, Felipe Gómez, Benjamín Chirinos, Daniel "El Chino" Canónico y Pedro "El Buzo" Nelson (lanzadores); Luis Romero Petit (3b), José Antonio Casanova (SS), Dalmiro Finol (2B), José Pérez Colmenares (1B), Enrique "El Conejo" Fonseca (C) y Atilano Malpica (utíliti) (Infielders); Jesús Chucho Ramos, Héctor Benítez Redondo, Julio Bracho (quien también pichaba), Francisco "Tarzán" Contreras y Guillermo Vento (quien además se desempeñaba en la receptoría) (Outfielders)[88]. El manager de la selección venezolana, fue el antiguo receptor del *Magallanes* Manuel "Pollo" Malpica. Tras mucho trabajo de preparación, con numerosos juegos de entrenamiento, Malpica conformó un joven pero ganador conjunto.

---

85 Abelardo Raidi: en *Venezuela al bate*. Caracas,  Bolívar Film, 2006.

86 Luis Romero Petit: en *Venezuela al bate*. Caracas,  Bolívar Film, 2006.

87 Héctor Benítez Redondo: en *Venezuela al bate*. Caracas,  Bolívar Film, 2006.

88 Daniel Gutiérrez, Efraim Álvarez y Daniel Gutiérrez G. *La enciclopedia del béisbol en Venezuela*. Caracas, pp. 90.

Luego de recaudar la suma de 15.000 bolívares para cubrir los gastos de la comitiva, la segunda semana del mes de septiembre la delegación venezolana partió del puerto de La Guaira, cargada de jóvenes talentosos pero sin experiencia en el extranjero: "...yo nunca me había alejado de mi familia, por lo que toda esa noche de travesía la pasé llorando"[89] diría Enrique Fonseca.

Venezuela comenzó el torneo con una tremenda participación ganando en fila ante Puerto Rico, El Salvador, México, un apabullante triunfo contra Estados Unidos en la cuarta fecha, en donde la novena nacional tuvo un resultado de 12 carreras por 1, apoyándose en el brazo del "Gatico" Hernández: "En el 41, yo le gané a Estados Unidos en el que fue uno de los juegos claves para poder llegar contra Cuba"[90]. Luego se sucedieron dos nuevas victorias nacionales, en esta ocasión ante Panamá y Nicaragua respectivamente. Venezuela pierde su invicto el 15 de octubre ante República Dominicana con un ajustado marcador de 4 carreras por 2.

Como se puede ver, Venezuela resulta victoriosa en la mayor parte de sus encuentros, teniendo balance de 6 juegos ganados y solo 1 perdido y le tocó enfrentarse al equipo cubano, que además de ser el líder de la serie venía con el prestigio de haber sido el campeón de las series mundiales del 39 y del 40. El jugador Héctor Benítez Redondo cuenta que: "El 17 de octubre, Malpica nos reunió en el hotel, para explicarnos que íbamos a jugar contra 9 jugadores, 4 umpires y 30.000 personas y nos dijo que, ¿quién quería pastillas para los nervios?"[91]

El conjunto nacional, apoyado en el brazo del "Chino" Canónico, propinó una derrota de 4 anotaciones por 1 al equipo antillano, para de éste modo igualarse en la punta a la espera de un encuentro de desempate, lo cual trajo una serie de pequeños problemas que fueron avivando la pasión del encuentro incluso antes de que se diera. Los cubanos querían jugar el desempate al día siguiente del encuentro, por su parte, el conjunto venezolano, por medio de su promotor Abelardo Raidi, querían ganar algunos días con el objeto

---

89 Enrique Fonseca: en *Venezuela al bate*. Caracas, Bolívar Film, 2006.

90 Juan Francisco "Gatico" Hernández: en *Venezuela al bate*. Caracas, Bolívar Film, 2006.

91 Héctor Benítez Redondo: en *Venezuela al bate*. Caracas, Bolívar Film, 2006.

"oculto" de que se descansara el valioso brazo del "Chino" Canónico: "Para mi el mejor lanzador que tenía Venezuela era Domingo Barbosa, pero nadie tenía la paciencia y tranquilidad del 'Chino' "[92] confesaba Raidi.

Luego de pactar la fecha del partido, el 22 de octubre se da la voz de play ball[93]. Mientras esto ocurre en la isla de Cuba en Venezuela el presidente Medina suspende el consejo de ministros declarando día de asueto; los comercios cierran sus puertas a partir de las dos de la tarde para escuchar por transmisión radial el memorable acontecimiento.

Venezuela colocó en la lomita a su estelar Daniel "Chino" Canónico, mientras por su parte los cubanos también utilizaron a su carta crédito del picheo, Conrado "Connie" Marrero. El juego tuvo lugar en el estadio La Tropical donde no menos de 30.000 fanáticos cubanos hicieron todo lo posible para sacar de concentración al "Chino" Canónico. El Chino atacó con gran inteligencia a la fortísima novena cubana, negándole la oportunidad de dar batazos contundentes. En todo el partido les trabajó con su curva lenta y para la opinión de su receptor de notoria movilidad:

> *...los bateadores de Cuba eran fuertes, las bolas rápidas ellos las destrozaban, por ello le pedí al Chino en todo momento su curva lenta de gran movimiento (...) él me dijo que me vas a acabar el brazo y yo le dije, si, pero tú vas a acabar con ellos[94].*

Era tal la pasión y desbordada emoción que sentían los jugadores de la selección venezolana, que, en palabras de Juan "Gatico" Hernández: "Yo estaba calentando y deseando que le cayeran a palo a Canónico para yo entrar a pichar, para que vean lo que hace la emoción, que llega a hacer que uno piense de ese modo"[95].

---

92 Abelardo Raidi: en *Venezuela al bate*. Caracas, Bolívar Film, 2006.

93 Expresión con la cual aún hoy en día se identifica el inicio de un juego de béisbol.

94 Enrique Fonseca: en *Venezuela al bate*. Caracas, Bolívar Film, 2006.

95 Juan "Gatico" Hernández: en *Venezuela al bate*. Caracas, Bolívar Film, 2006.

El encuentro fue lo que todos esperaban, un gran duelo de lanzadores, en el cual Venezuela dio cuenta de Cuba con pizarra de 3 carreras por 1 y así se convirtió en el primer equipo venezolano en ganar un título internacional en el béisbol.

La emoción de los jugadores y de la fanaticada es imposible que se pueda reconstruir por medio de estas líneas, es por ello que es mejor dejar que los protagonistas inmortalicen el acontecimiento a través de sus testimonios:

*"Cuando hicimos el último out, ese público, esas 35.000 personas que estuvieron gritándonos se volcaron al terreno y nos aplaudieron, nos cargaron y vitorearon"*[96]. [Dijo Luis Romero Petit]

*"Nosotros celebramos el campeonato dos veces: una cuando empatamos la serie y la otra cuando nos hicimos campeones"*[97]. [Dijo Héctor Benítez Redondo]

La victoriosa selección venezolana se regresó al país en un buque de guerra y cuando ya estaban acercándose al puerto de La Guaira, en un emotivo ejemplo de nacionalismo, todos los jugadores vistieron de gala y comenzaron a entonar las notas del himno nacional en la proa del barco. Esto surgió por iniciativa de Jesús Corao, pero lo que la delegación venezolana no se imaginaba era el inmenso ambiente de júbilo y de pasión desenfrenada que les aguardaba en el puerto: *"Empezamos a ver avioncitos, avionetas tirándonos flores al barco (...) entonces no se quien buscó un radiecito y lo sintonizamos y fue que nos dimos cuenta que era un recibimiento para nosotros"*[98]. *"Parecía que toda Venezuela estaba en La Guaira, eso fue apoteósico"*[99].

De este modo, el triunfo del 41 se convierte en una hazaña deportiva para la historia. Sus participantes son recordados como Los Héroes del 41.

---

96 Luis Romero Petit: en *Venezuela al bate*. Caracas, Bolívar Film, 2006.

97 Héctor Benítez Redondo: en *Venezuela al bate*. Caracas, Bolívar Film, 2006.

98 Luis Romero Petit: en *Venezuela al bate*. Caracas, Bolívar Film, 2006.

99 Juan "Gatico" Hernández: en *Venezuela al bate*. Caracas, Bolívar Film, 2006.

El recorrido de La Guaira a Caracas se vio escoltado por miles de personas que de lado a lado de la carretera saludaban y aplaudían dando rienda suelta a la pasión por el más grande de los equipos que hubieran visto jamás. No era Magallanes, Royal, Cervecería Caracas o Gavilanes este equipo eran ellos mismos, era más que un club, ellos eran Venezuela.

El agasajo se dio en el Estadio Nacional del Paraíso, en donde una multitud histérica y de manera espontánea se dio cita para rendir tributo a sus nuevos líderes. Al caer la tarde, el poeta Andrés Eloy Blanco deleitó a los presentes con un discurso a la luz de una vela. El presidente Medina, por decreto nacional, declaró al 22 de octubre como día del deporte nacional, un gesto para inmortalizar a aquellos héroes que son el ejemplo de la constancia y calidad nacional.

Como consecuencia inmediata del triunfo obtenido en la tercera serie mundial amateur, en Venezuela se fundaron numerosos conjuntos de béisbol, se intensificó el nivel de exigencia de la Liga de Béisbol Ínter-obreros, la cual ya había sido fundada a mediados de los años 30. Pero, aunque parezca una ironía, incluso de un fenómeno tan beneficioso de todo punto de vista como lo fueron los héroes del 41, también hubo consecuencias negativas para el béisbol provincial:

> *Los éxitos obtenidos en La Habana, trajeron como consecuencia que muchos de los mejores jugadores del Zulia se quedaran a jugar en Caracas (...), no solo se quedaron los que participaron en la serie mundial, sino que también se fueron los más grandes jugadores de la liga del Zulia, lo cual hizo que bajara el nivel de nuestra liga occidental[100].*

Lo que si se puede asegurar es que el año 41 consagró la pelota nacional y la exigencia de los jugadores, puesto que desde ese momento todo el país habló béisbol, ya que muchas de las palabras frecuentes del argot venezolano quedaron impresas con orgullo en la manera de hablar del criollo.

---

100 Ernesto Aparicio: en *Venezuela al bate.* Caracas, Bolívar Film, 2006.

## Nace la rivalidad de rivalidades

La pasión no dejó de contagiar también a los empresarios, los cuales vieron en el béisbol el camino seguro para obtener rentas, por lo que comenzaron a financiar equipos por todo el país. Uno de estos visionarios y, tal vez el más importante fue Martín Tovar Lange, quien era el máximo accionista de la empresa cervecera más importante del país (Cervecería Caracas), asume el reto de transformar a uno de los clubes más importantes del béisbol amateur de La Guaira en una novena de primer nivel. Con este motivo Tovar Lange compra el club Cervecería Princesa, el cual había sido fundado por Jesús Corao en 1938, y que hasta el año 39 se servía de jugadores de la compañía lupulosa, que dicho sea de paso era propiedad de Tovar Lange y del mismo Jesús Corao, lo cual facilitó todos los arreglos. El club Cervecería Princesa que en 1940 había arrasado con el torneo del litoral, es mudado a Caracas en 1941 por el mismo Corao. En agosto de ese año, Abelardo Raidi, Manuel Antonio "El Pollo" Malpica entre otros, escogen a 7 jugadores pertenecientes del Cervecería Princesa para que engrosaran las filas de la delegación patria. De este modo, peloteros como: "Dumbo" Fernández, Guillermo Vento, Dalmiro Finol, Juan Francisco el "Gatico" Hernández, José Pérez Colmenares, Luis Romero Petit y Héctor Benítez "Redondo" conformaron la Selección Nacional y empezaron a hacerse un nombre en la pelota criolla.

En diciembre de 1941, aprovechando la coyuntura de la pasión por la pelota que existía en el país, la empresa Cervecería Caracas compra el parque San Agustín y le coloca el nombre Cerveza Caracas.

En abril de 1942, la directiva de la empresa, en asamblea general extraordinaria, aprobó patrocinar el equipo de Tovar Lange. En el pacto se le autorizaba a utilizar el nombre de Cervecería Caracas en el uniforme. Desde entonces, y hasta muchísimos años después, se pensó que ese club de pelota era de la Cervecería Caracas C.A., y no fue así. El equipo era de Tovar Lange. Y así lo confirman varios documentos, entre ellos uno fechado en Caracas, el 28 de diciembre de 1949, en donde Tovar Lange afirma que: ...con la autorización de la Compañía Anónima Cervecería de Caracas, he fundado años atrás en esta ciudad un club de pelota con el nombre de Cervecería Caracas que tiene por objeto presentar en público competencias de base ball tanto en ésta ciudad como en el interior y exterior de la República.

En mayo de 1942 se conoció oficialmente que el Princesa le cedía no sólo algunos de sus mejores jugadores sino su puesto en el campeonato de segunda división al Cervecería Caracas.[101]

No se puede saber si Tovar Lange pudo imaginar si dicho club le serviría nada más como fuente de ingresos[102], pero es casi improbable que pudiera pensar en lo dichosa y afamada que sería la novena capitalina hasta llevarle a ser un indudable ícono de la ciudad en lo sucesivo. Tovar Lange quiso, aprovechando la coyuntura histórica[103], fomentar la filosofía de la novena, en la cual se iba a jugar con una doctrina del puro criollismo heredada del Royal Criollo, ya que a ellos les había funcionado notablemente. Lo que no se ha logrado establecer si fue intención de Tovar Lange o se debió a la irrefrenable pasión de la fanaticada, el hecho de que el Cervecería Caracas adoptara la bandera del puro criollismo del Royal, hiciera que el público reviviera la rivalidad entre éstos y el Magallanes, pero ahora sustituyendo al Royal por su "heredero legítimo", el Cervecería Caracas. Lo que si se puede afirmar es que, a partir de 1942 el Cervecería Caracas y los Navegantes del Magallanes unirían sus destinos y con eso escribirían la página central de la pasión de cualquier rivalidad beisbolera que se haya vivido en el país.

La fecha mágica en que los fanáticos vieron por primera vez al Cervecería Caracas jugando contra los Navegantes del Magallanes fue el día 31 de octubre de ese 1942[104]. Los turcos alinearon de la siguiente manera: Luis Aparicio Ortega (SS), Carlos "Terremoto" Ascanio (1B), Jesús "Chucho" Ramos (RF), Vidal López (P), Guillermo Vento (C), Francisco "Tarzán" Contreras (CF), Balbino Hinojosa (LF), Domingo Barbosa (2B) y Adolfredo González

---

101 Javier González, "Así Nació el Caracas Base Ball Club. 7 de mayo 2017 en www.leonesdelcaracas.com

102 Ya que, no solo tenía la publicidad de la empresa en el uniforme y nombre del club, sino que además tenía el estadio en donde solo se vendía la Cerveza Caracas.

103 El proceso coyuntural en cuestión, fue el título obtenido por Venezuela en La Habana, lo cual generó mayor interés por parte de la cada vez mayor fanaticada en el béisbol.

104 Este fue un juego amistoso antes del inicio de la temporada de ese año. Es importante aclarar esto porque muchos cronistas afirman que en el primer juego entre estos colosos fue ganado por el Cervecería Caracas, lo cual es falso. El motivo de esta apreciación errónea es porque dichos cronistas omiten este juego por no considerarlo válido por su carácter de amistoso. Pero de forma oficial se puede entender como el primer juego.

(3B). Cervecería, por su parte salió al campo con: Luis Romero Petit (3B), José Pérez Colmenares (LF), Antonio Briñes (1B), Héctor Benítez (CF), Ramón Fernández (RF), José Antonio Casanova (2B), Enrique Fonseca (C), Alejandro "Patón" Carrasquel (P) y Antonio Arrieta (SS)[105].

Fue una clara victoria del conjunto magallanero con pizarra de 4 carreras por 0. Vidal López no solo brilló al lanzar un blanqueo sobre los lupulosos sino que además fue un factor decisivo a la ofensiva al irse de 4/3 y anotar un par de ocasiones.

El 27 de diciembre de ese mismo año se enfrentaron nuevamente, pero en esa ocasión el equipo de los puros criollos tomó revancha al derrotar a los Bucaneros con marcador de 3 rayitas por 0. Este encuentro fue controversial para muchos fanáticos magallaneros, los cuales no vieron con agrado el hecho de que el lanzador que los derrotara, y más aún los dejara en cero, fuera Vidal López, su ex serpentinero estrella. López fue contratado por el Cervecería Caracas[106] luego de la blanqueada que les propinara en el primer juego.

Los magallaneros, a pesar de que su rival a la postre fuera el campeón del certamen de ese año, supieron sacarle el jugo a las bromas ya que la serie particular de esa temporada fue ganada claramente por los turcos, los cuales solo perdieron un encuentro de los cuatro pactados y por si fuera poco, las tres victorias magallaneras fueron con el "Chino" Canónico desde la lomita. Esta condición le bastó a los seguidores del equipo de Catia para contrarrestar los comentarios de sus rivales cerveceros. De hecho un comentario que se hizo famoso en el año 42 fue, según han referido algunos testimonios orales de magallaneros del momento: *"Esos cerveceros parecen cubanos, no le ven luz a nuestro Chino".* Aludiendo a las victorias obtenidas por Daniel "Chino" Canónico ante los cubanos en la Tercera Serie Mundial de Béisbol Amateur.

---

105 Daniel Gutiérrez, Efraim Álvarez y Daniel Gutiérrez G. *La enciclopedia del béisbol en Venezuela.* Caracas.

106 "Regalo del cielo" dijeron numerosas jovencitas fanáticas del Cervecería Caracas, el cual, desde su año: de fundación había sido reconocido como el "equipo de las caras lindas". Esto se debió a que, como Jesús Corao y Tovar Lange habían contratado a la mayoría de los jugadores campeones del 41, rápidamente el club lupuloso contó entre sus primeros y más destacados fans a las señoritas más lindas de la capital.

La pasión y la rivalidad Cervecería Caracas-Navegantes del Magallanes se intensificó mucho más en la temporada siguiente, puesto que el Magallanes obtuvo el campeonato y, para añadirle más picante a la rivalidad, la serie particular quedó empatada a tres victorias por lado. Esta temporada 43-44 tuvo como gran pilar de las victorias magallaneras el regreso de Vidal López, quien se unió con uno de los mejores lanzadores de refuerzo que ha tenido la liga, Manuel "Cocaína" García.

Al año siguiente la locura vuelve a asaltar a los fanáticos del Cervecería, puesto que su equipo resulta nuevamente campeón, pero su rival no retrocedió ante ese formidable equipo de criollos, ya que la serie de nuevo quedó empatada esta vez a dos juegos por lado. Según los recuerdos de los fanáticos solo habían esencialmente dos temas de conversación en los botiquines, calles caraqueñas, plazas, etc. uno era la encarnizada rivalidad Cervecería - Magallanes y, el otro era la delicada situación política en la que se encontraba el gobierno de Medina. Siendo el tema preferido el primero de ellos. La pasión beisbolera copó todos los escenarios de la vida del venezolano, eran, por decir de un modo, los años románticos de la pelota en el país.

## Béisbol con un toque de política

La victoria del seleccionado nacional en Cuba abonó el terreno para que la Serie Mundial Amateur del año 1944 se hiciera en la ciudad de Caracas. Un hecho de importancia ocurrido en este certamen tuvo lugar antes de que se diera la voz de play[107], ya que correspondió a la elección de la madrina de los juegos. El caso de la elección de la reina de la séptima Serie Mundial de Béisbol Amateur realmente fue un termómetro de la pasión que se desbordaba en el país hacia el deporte de las cuatro esquinas. Luego de varias opciones la elección se decantó por dos candidatas: Oly Clemente y Yolanda Leal. En torno a estas dos señoritas se gestó una verdadera campaña mediática, puesto que la primera de ellas fue acogida por la alta alcurnia de la sociedad; el eslogan que se le acuñó fue: *Oly Clemente para la gente decente.*

---

107 La voz de play en el argot beisbolero significa el inicio de las acciones de juego.

Por su parte la señorita Leal era la candidata favorita del pueblo llano y era reconocida por el eslogan: *Yolanda Leal la del pueblo popular.*

Ante la imposibilidad de poder decidirse por una de las dos candidatas el comité organizador del evento marca un hito y decide dar el paso y hacer las primeras elecciones secretas, directas y universales de la historia de Venezuela. De inmediato los medios impresos más influyentes hicieron de las suyas para aderezar la contienda, el diario El Universal se identificó con la candidatura de Yolanda Leal específicamente a través de los escritos de un joven periodista de nombre Oscar Yánez. Por su parte, el diario El Nacional tomó como partido a Oly Clemente. Los escrutinios dieron como vencedora a la maestra y candidata del pueblo, Yolanda Leal. Miguel Otero Silva, a modo de celebración por el triunfo de la señorita Leal, dedicó los siguientes versos: "*Yolanda de Venezuela, mi pueblo te necesita por morena y por bonita y por maestra de escuela. El strike de tu sonrisa rompió su curva en mi pecho, y yo me quedé maltrecho y abanicando la brisa*"[108].

La acción cobra vida el 12 de octubre de 1944, los fanáticos colman las gradas del estadio del Cervecería Caracas, para presenciar los acontecimientos de esta esperada y publicitada séptima serie. Era el primer evento deportivo de envergadura que se realizaba y organizaba en el país. La Radiodifusora Venezuela fue la encargada de transmitir los juegos en la voz del destacado narrador Oscar "El Negro" Prieto.

Luego de dejar en el camino a Cuba -rival de la serie mundial anterior- al derrotarles en un encuentro en el que las colas de fanáticos eran inmensas para ver a los dos más grandes colosos de la pelota, Venezuela queda empatada en la serie con sus similares de México y Cuba. Por razones que se desconocen las selecciones de México y Cuba deciden retirarse de la contienda sin hacer los encuentros necesarios para desempatar la serie, por lo que el comité organizador no tiene otra alternativa que proclamar al equipo venezolano como legítimo campeón. La locura se apoderó de las calles capitalinas porque los jugadores nativos demostraron que lo del 41 no fue casualidad sino la confirmación ante el mundo de que Venezuela brillaba en el diamante del béisbol.

---

108 *Venezuela al bate.* Caracas, Bolívar Film, 2006.

En 1945 la Octava Serie Mundial de Béisbol Amateur se realiza nuevamente en Caracas y a pesar de que en esta ocasión se dio el debut de Colombia y de otros países de Centro América, así como la participación de selecciones veteranas como Cuba, México, Nicaragua, Puerto Rico, etc. no hubo ningún tipo de sorpresa y el combinado nacional prolongó a tres su seguidilla de series mundiales obtenidas al hilo.

Fue tan evidente la confianza que tenían los venezolanos en su selección para ese torneo del 45 que ni el derrocamiento de Medina Angarita ni la inestabilidad política que reinó en los días posteriores al alzamiento rebelde pudieron frenar la pasión beisbolera. El béisbol crecía a pasos agigantados ayudado -paradójicamente- por las frecuentes inestabilidades políticas que hacían que el pueblo se refugiara en el deporte. La fanaticada venezolana tenía la selección más ganadora del continente y casi la totalidad de sus peloteros se podían ver en los equipos Navegantes del Magallanes y Cervecería Caracas. Se podrán imaginar lo que representó ver un encuentro entre estos rivales. En síntesis, el béisbol venezolano se había enraizado de una manera tan profunda que ya era parte de la idiosincrasia de la nación y no corría el peligro de extinguirse con la suspensión de un torneo por motivos sanitarios o políticos. El béisbol, y la la rivalidad Caracas-Magallanes, se incorporaron a la rutina, el gusto y las actividades de Venezuela.

**Y la pelota se hizo profesional**

Con los éxitos alcanzados de manera progresiva desde la Serie Mundial Amateur del 41, pasando por el resurgimiento de los Navegantes del Magallanes, la compra del Cervecería Princesa, su transformación en el Cervecería Caracas, añadiéndole el resurgir de una intensa rivalidad de antaño (Royal - Magallanes), encarnada en los cerveceros y los turcos y, para ponerle la vela al pastel Venezuela obtiene dos campeonatos mundiales en fila (44-45), puede decirse que el béisbol venezolano para su evolución deja claras las fronteras entre la pelota amateur y la profesional[109]. En tal sentido, como antesala de la profesionalización una serie de empresarios

---

109 Se puede entender como profesional del béisbol a que los jugadores tenían ya al deporte como su fuente de trabajo y remuneración económica.

promueven un espectáculo que consistía en la realización de una serie de encuentros amistosos entre los mejores clubes de béisbol a nivel nacional contra un seleccionado "todos estrellas" de las llamadas Ligas Negras. Aunque la superioridad de la novena del "todos estrellas" fue evidente a lo largo del torneo, la iniciativa empresarial fue vista con buenas expectativas por parte de los propietarios de equipos, por los promotores deportivos y por los fanáticos venezolanos, quienes tuvieron el privilegio de disfrutar del talento de esos jugadores, entre los cuales destacó uno que al poco tiempo se convertiría en el primer jugador negro en participar en el béisbol de las Grandes Ligas: Jackie Robinson[110]. El espectáculo tuvo lugar en el país desde el 24 de noviembre hasta el 23 de diciembre, dejando tras de sí una corriente de comentarios positivos y de un mayor número de fanáticos que colmaban las graderías, lo que sirvió de catalizador económico para profesionalizar la pelota en Venezuela.

A tempranas horas de la mañana del día 27 de diciembre de ese 1945, como regalo de navidad a la afición beisbolera del país, cuatro hombres vestidos de flux: Carlos Lavaud (propietario del Magallanes), Juan Antonio Yánez "Yanesito" (dueño del *Patriotas del Venezuela*), Martín Tovar Lange (propietario del *Cervecería Caracas*) y Juan Regetti (dueño del *Vargas*), se reunieron en la oficina de Yanesito en los altos del Cine Capitolio, número 12, frente al Congreso Nacional de la República[111], con el objeto de conformar definitivamente la Liga Venezolana de Béisbol Profesional, órgano que desde ese día hasta entonces es el rector de todo el acontecer peloteril en la nación. Ese 27 de diciembre cambia el rumbo de la pelota venezolana, puesto que se termina de desligar el béisbol amateur y el profesional, además de esto, el deporte de las cuatro esquinas deja de ser un pasatiempo para convertirse, no solo en una industria de dividendos importantes sino que también se transforma en la fuente de ingresos de los jugadores, que desde ese momento serían tratados como profesionales.

---

110 Debutó en las ligas mayores el 15 de abril de 1957, en donde jugó la segunda base de los Dodgers de Brooklyn.

111 Javier González, El Béisbol en Venezuela. Caracas, Fundación Bigott, 2003, pp. 76.

El 2 de enero de 1946 esos cuatro hombres se dirigieron ante el registro para darle personalidad jurídica al sueño de tantos personajes ligados a este apasionante deporte. Desde ese año desapareció la figura de los Campeonatos de Primera Categoría para convertirse en Campeonato de Béisbol Profesional.

Solo diez días después de ser inscrita legalmente la Liga Venezolana de Béisbol Profesional se daba la voz de play, teniendo el honor de ser el equipo home club[112] la novena más antigua de la pelota nacional: los Navegantes del Magallanes. Ese sábado 12 de enero de 1946 los turcos obtuvieron la victoria de 5 anotaciones por 2, apoyados en el lanzador Alejandro "Patón" Carrasquel quien pichó juego completo. Desde la óptica de los aficionados de la nave turca esa fue una victoria histórica porque fue el primer juego de la Liga de Béisbol Profesional Venezolano, la cual además tuvo en el short stop magallanero, Luis Aparicio "El Grande", a su primer jugador en pegar un hit.

Al día siguiente (13 de enero) debutaría el equipo Cervecería Caracas. Sin embargo, su participación no fue tan positiva, pues cayó ante su similar del Vargas, los cuales al término de esa temporada serían los campeones de la mano de su manager el ex lanzador del Magallanes Daniel "Chino" Canónico. El campeón de bateo de esa temporada fue el jardinero magallanero Pablo García, quien promedió más de 400 puntos. En esos primeros años, la Liga Profesional de Béisbol estaba conformada por cuatro equipos: Caracas, Magallanes, Vargas y Venezuela. Para la temporada siguiente el Vargas revalidó su título al derrotar al Cervecería Caracas en las finales al obtener 3 juegos de los 4 pautados.

Esos primeros siete años o siete temporadas pioneras de la joven Liga de Béisbol Profesional Venezolano se vieron engalanadas por lo que denomino como "la luna de miel del profesionalismo". Estas temporadas trajeron mucha pasión a los corazones de la fanaticada, la rivalidad entre el Cervecería Caracas y los Navegantes del Magallanes subía como la espuma, además todas las series particulares entre estas dos novenas mostraban una paridad indiscutible. Otro catalizador de pasiones fue presenciada en el año 46, cuando dos de los clubes más representativos de las ligas mayores -Yankees de New York y

---

112 Esta expresión designa al equipo anfitrión.

Dodgers de Brooklyn- midieron sus fuerzas en una serie de juegos amistosos en el Estadio Cerveza Caracas. La oportunidad fue aprovechada para que el Vargas, equipo ganador de la liga venezolana de ese año, se midiera ante aquellas luminarias del béisbol norteamericano. Los locales perdieron ante los Dodgers pero sorprendieron a los Yankees.

Los resultados de esas siete temporadas arrojaron a los siguientes campeones: los dos primeros fueron ganados por el Vargas ( 46 y 46-47), en los cinco torneos siguientes, la división de campeonatos fue, como dirían los matemáticos, un binomio perfecto, debido que, en las temporadas 47-48/48-49/51-52, fueron alcanzados por el Cervecería Caracas. Por su parte el Magallanes se llevó el campeonato en las zafras del 49-50 y 50-51, lo que acrecentó aún más la rivalidad entre estos colosos capitalinos.

Primeros Campeones

| TEMPORADA | EQUIPO CAMPEÓN |
| --- | --- |
| 1946 | Sabios de Vargas |
| 1946/1947 | Sabios de Vargas |
| 1947/1948 | Cervecería Caracas |
| 1948/1949 | Cervecería Caracas |
| 1949/1950 | Navegantes del Magallanes |
| 1950/1951 | Navegantes del Magallanes |
| 1951/1952 | Cervecería Caracas |

## Se acabó el puro criollismo y ruje el león

Para inicios de la campaña 49/50 las normas de la LVBP permitían un máximo de cinco importados por cada club empero, en aras de mejorar la competitividad e igualdad deportiva entre los cuatro equipos, la Liga resuelve ampliar ese cupo a seis. El Cervecería Caracas, que hasta el momento había permanecido fiel a su filosofía del puro criollismo se vio en desventaja. Para la temporada siguiente (50/51), el club cervecero inició muy mal. Su propietario se reúne con sus homólogos de los otros tres equipos y les plantea dos propuestas destinadas a mantener la filosofía romántica de antaño del puro criollismo sostenida por su exitosa novena: la primera consistía en que los otros conjuntos le cedieran al Cervecería Caracas algunos de sus jugadores criollos estelares; la segunda propuesta era que se bajara la cuota de importados. Las dos proposiciones fueron desestimadas por los dueños de los otros equipos de la LVBP, por lo que a Tovar Lange no le quedó otra alternativa que renunciar al puro criollismo en aras de mantener la competitividad. Con esta medida se cerraba el telón de aquel reducto del béisbol de antaño de la década de los 30.

El 15 de diciembre, Tovar Lange hace pública la decisión de dejar atrás el puro criollismo, el Cervecería Caracas ahora se equiparaba con las tendencias modernas del juego de pelota. El 28 de ese mismo mes llegaron al país los primeros refuerzos foráneos. El 29 de diciembre de 1950 el club Cervecería Caracas incorporó al receptor Lester Fusselman y el inicialista Morris Mozzali, el primero se estrenó ese día y el segundo lo hizo al día siguiente. Posteriormente, llegaron otros cinco refuerzos más, los pitchers Roy Parker, Ernie Shore y Earl Mossor, el infielder Roy Dueñas y el jardinero Wilmer Fields.

La medida de incorporar peloteros extranjeros no tuvo efectos inmediatos, ya que, El Cervecería Caracas quedó 8 juegos por detrás del campeón que, para colmo de males para sus fanáticos había quedado en manos del Magallanes. Pero en la campaña siguiente (51/52), un inspirado Cervecería hilvanó una seguidilla de 17 victorias que alejó del parque a los fanáticos de los demás equipos que se vieron apabullados por la superioridad del Cervecería Caracas.

Aunque parezca contradictorio, lo que resultó una campaña con extraordinarios éxitos en el plano deportivo, terminó por ser perjudicial en lo económico tanto para los patrocinantes del Caracas (Cerveza Caracas), como para los demás equipos de la LVBP. Este descalabro económico que supuso la temporada 51/52, aunado que, tanto la LVBP como Tovar Lange querían que en la campaña siguiente se jugará pelota en el nuevo campo de la capital, el Universitario de la UCV, conspiró para que el antiguo campo de San Agustín dijera adiós definitivamente. El 27 de marzo de 1952 se ponía a la venta el campo Cerveza Caracas, ya no oiría más la voz de play el mítico parque de San Agustín.

A la par de todo esto, el Consejo Directivo de la Cervecería Caracas se reúne con carácter de urgencia con el objeto de evaluar la permanencia como inversionistas del béisbol, ya que el abandono del parque por parte de la fanaticada repercutió en una considerable merma en las ventas de Cerveza Caracas, lo que se tradujo en una pérdida económica importante. Aunado a este importante aspecto, en mayo de 1952, la Federación Internacional de Béisbol ordena la desvinculación de las marcas de cigarrillos y de bebidas alcohólicas del deporte, por lo cual el club Cervecería Caracas se quedaba sin respaldo de la empresa Cervecera que le había acompañado por 10 años:

> *El 8 de julio de 1952, Oscar Machado Zuloaga, presidente de la Cervecería Caracas, le envió una comunicación a Tovar Lange, en la que le participa que, debido a las "diferentes controversias que se han suscitado en los últimos meses en diversos sectores en relación con el último Campeonato de base-ball profesional, (....) ha llegado el momento de reconsiderar la autorización que se le dio para usar el nombre de la Cervecería en el Club de su propiedad," (...) por lo tanto la Junta que presido ha llegado a la conclusión de que para el mejor desarrollo y bienestar del deporte, se dé por cancelada dicha autorización".[113]*

---

113 Javier González, "Así nació el Caracas Base Ball Club", 7 de mayo 2017, en www.leonesdelcaracas.com

Tovar Lange, al verse sin el principal respaldo económico le comunica a la LVBP en su sesión del 24 de julio el cambio de nombre de su club que, en lo sucesivo dejaría de ser Cervecería Caracas B.B.C. para denominarse únicamente Caracas B.B.C. De igual modo avizora la posibilidad de la venta del club.

El 7 de agosto de 1952, Pablo Morales y Oscar "El Negro" Prieto compraron el Cervecería Caracas por la suma de 75.000 Bs. y le cambiaron el nombre a Leones del Caracas (nomenclatura que llevan hoy en día). Además del cambio de imagen y de nombre, la novena caraqueña fue mudada del Estadio Cerveza Caracas al Estadio Universitario.

Al club Leones del Caracas no le costó captar fanaticada ni continuar la pasión de la rivalidad con el equipo eléctrico. Además, el debut de Leones no pudo ser de mejor manera ya que, al igual que el Cervecería Caracas en la temporada anterior, los ahora melenudos revalidaron el título en la temporada 1952/1953.

Para la temporada de béisbol profesional 53-54, las locuras y pasiones caraqueñas y zulianas estuvieron contra la pared y a punto de desaparecer por la dictadura de Marcos Pérez Jiménez y la inestabilidad política arrastrada desde el derrocamiento de Rómulo Gallegos, puesto que por motivos económicos, el Patriotas de Venezuela y el Vargas, por el lado caraqueño, se vieron forzados a no inscribirse en dicha zafra, mientras que por el Zulia solo Pastora y Gavilanes se mantuvieron a flote[114]. La LPBV en aras de mantener el buen y rentable espectáculo, resuelve hacer una liga mixta, también llamada rotatoria, conformada por Caracas - Magallanes y por los rivales zulianos, Pastora y Gavilanes. El campeonato fue ganado por el Pastora, en tanto que el Magallanes fue el equipo subcampeón. En este punto es prudente resaltar que la "rivalidad zuliana" Gavilanes – Pastora era exclusivamente geográfica, y se extinguió cuando desaparecieron ambas novenas. Salvo la de Magallanes-Caracas las "rivalidades" beisboleras que han existido en el país han tenido un carácter efímero o incluso forzadas por los medios de comunicación, por ejemplo la que se presenta en la década de los años 70 entre Tiburones de La

---

114 La gente tenía miedo de estar en eventos públicos por temor a la Seguridad Nacional, lo que repercutió en el abandono de gran parte de los fanáticos a los estadios.

Guaira y Leones del Caracas, que en gran medida es artificial y sustentada a la fuerza en el ámbito geográfico. Más recientemente los medios de comunicación han tratado de fomentar la rivalidad del Centro entre Tigres de Aragua y Navegantes del Magallanes, pero no son rivalidades genuinas.

La temporada no dio los resultados esperados en la capital, debido a la represión dictatorial del general Marcos Pérez Jiménez. Se experimentó con los clubes zulianos, siendo los únicos juegos taquilleros los de Caracas-Magallanes. En el Zulia la afición sí respondió, sin embargo para la siguiente campaña (54-55) la liga no continuó con ese modelo de competición. Por este motivo el torneo estuvo conformado además de los dos grandes rivales capitalinos (Caracas-Magallanes), por el debut de la novena Santa Marta y el Industriales del Valencia, quienes sustituyeron y compraron a la divisa del Venezuela. Los fanáticos caraqueños volvieron a los estadios en la temporada 54-55[115] y también regresó la copa de campeón a la ciudad capital, en manos del Magallanes. Esta zafra fue catalogada como mágica por muchos de los cronistas de la época, puesto que para el mes de diciembre la novena magallanera marchaba de última a diez encuentros de la punta y, para colmo de males, se encontraba en posesión de los Leones del Caracas. Fue entonces cuando el dueño del Magallanes -Carlos Lavaud- decide cesantear a su manager y volver a colocar en su lugar al ya conocido estratega cubano Lázaro Salazar, quien, según dice la leyenda, a la voz de ¡Lázaro, levántate y anda! llevó al Magallanes a una remontada histórica con la que logró gallardete de ese año[116].

## Magallanes naufraga una vez más

Sorpresivamente, el Magallanes no fue inscrito para la siguiente temporada, lo que originó que varios empresarios movieran rápidamente sus finanzas para comprar al equipo de más tradición en el béisbol y no dejar morir ni su legado ni su gran rivalidad con los Leones del Caracas. Carlos

---

115 En esta temporada se retiró del béisbol profesional el gran "Muchachote de Barlovento" Vidal López.

116 Emil Bracho y Giner García, *La Travesía*. Valencia, Fundación Magallanes, pp. 66.

Lavaud aceptó vender la novena y permitió que los nuevos dueños del club utilizaran el nombre ancestral de Magallanes.

El Equipo Turco volvió al campo de juego, pero parecía haber perdido la brújula de la victoria, a pesar de tener al mismo Lázaro Salazar como manager y una extraordinaria importación, tuvo un desempeño desastroso que al terminar la temporada se vio reflejado en el registro que dejó de 22 victorias por 30 reveses. Por si eso no fuera poco suplicio para los fanáticos magallaneros, el 8 de diciembre de 1955 recibieron el primer juego sin hits ni carreras de la reciente historia de la liga profesional, de parte de su eterno rival Leones del Caracas. El verdugo de los Bucaneros fue el lanzador Leonard Yochim, quien había tenido experiencia previa en la Liga con Sabios de Vargas, Gavilanes y, para mayor despecho de los magallaneros, en la campaña anterior se había uniformado con los turcos.

Todo el encuentro Leonard Yochim, mantuvo a raya a los bates del Magallanes con sus lanzamientos quebrados teniendo como única mácula en su mágica labor dos bases por bolas. Al término de este encuentro con esta hazaña lograda por los melenudos, los fanáticos de los turcos rompieron todos los récords nacionales de comer arepas, 9 por cada fanático[117]. Esta humillación hizo que, la directiva del Magallanes (caracterizada por ser conocedora de los trámites gerenciales, más no deportivos), se desentendiera de todo lo concerniente a la dirigencia del club. Para el mes de julio de 1956, se hicieron las reuniones para ultimar detalles de la temporada 56-57, pero al no asistir ningún responsable administrativo del Magallanes en las primeras cuatro reuniones, la directiva de la Liga decide multar al club. La multa consistió en expropiar al equipo y venderlo a unos inversionistas del oriente del país. Ante esta medida Lavaud no permite que se utilice el nombre de Navegantes del Magallanes, por lo que los nuevos dueños se ven forzados a cambiar el nombre del equipo. La nueva dirigencia de la novena, valiéndose de su condición de publicistas, resuelven llamar Oriente al club y mudarlos a sedes itinerantes por las principales ciudades de la región oriental del país, como: Barcelona, Cumaná, Maturín y Ciudad Bolívar. La idea desde el punto de vista publicitario era muy exitosa, debido a que los fanáticos

---

117 En el argot beisbolero se denomina *nueve arepas* cuando un equipo deja a su contrario sin hacer carreras en los nueve innings que dura el partido.

orientales eran realmente fervientes y carecían de un equipo representativo, sin embargo, desde la óptica deportiva los equipos de béisbol, así como de cualquier especialidad, no deben ser tratados como un circo o una feria ambulante, porque de este modo los clubes no se sienten identificados, ni psicológica ni emocionalmente por una sede.

El Oriente heredó la mayor parte de los jugadores del Magallanes, en donde destacaron: Ramón Monzant y Luis "Camaleón" García. En tanto que fue ratificado en su sitial de mánager el cubano Lázaro Salazar.

La partida del Magallanes no dejó ni por asomo los resultados esperados por la Liga, los cuales prontamente se darían cuenta del error que significó dejar naufragar a uno de los equipos que arrastraba más fanáticos a los estadios y que desbordaba más pasión entre los espectadores, quienes ahora tenían que conformarse con aupar a su equipo a larga distancia.

El 19 de octubre se hizo el tan ansiado debut del Oriente. La Liga, en aras de hacer atractivo el espectáculo, planificó el encuentro contra los Leones del Caracas. Pero en esta ocasión, aunque hubo buena asistencia, el Oriente solo fue un pálido reflejo de los Navegantes del Magallanes y cayeron con pizarra de 8 a 4. No fue sino hasta una semana después que el conjunto fue a su primera gira por el oriente[118] del país, dejando traslucir el carácter de gitanos que iba a acompañar a la novena en su corta historia. Sin embargo, los inicios del Oriente, no fueron tan catastróficos; para esa temporada la liga dispuso que se jugaría bajo un formato de dos vueltas, en donde los ganadores de cada una de ellas se enfrentarían en la final. La primera etapa fue ganada por los Leones del Caracas, quienes dejaron un registro de 15 victorias por 11 reveses, mientras que al Oriente los escoltaron con marca de 13 y 14. No obstante, la segunda vuelta trajo resultados oprobiosos, dado que quedaron en la última casilla. Vale la pena hacer un paréntesis explicativo en este punto, la respuesta de la fanaticada de los Leones del Caracas y la de Oriente no demostraron un comportamiento tan ferviente como el existente antes de esta temporada. Es decir, que la rivalidad Caracas – Magallanes sufrió una fractura que se prolongó hasta el resurgir de los Navegantes del Magallanes.

---

118 Visitaron ciudades como: Maturín, Carúpano y Porlamar. Luego usaron otras sedes.

En la temporada siguiente el Oriente se recuperó un poco al clasificarse a la segunda ronda[119], dejando marca de 22 victorias por 19 derrotas, viéndose superados tan solo por el Industriales de Valencia. Pero eso fue todo, ya que en la siguiente ronda quedaron de últimos dejando marca de dos triunfos y cuatro derrotas.

Para la zafra 58-59 el Oriente mantuvo su sequía de resultados positivos, aunque, en descargo de la novena, no sólo su rival, Leones del Caracas tampoco pudieron imponerse sino que, esta campaña fue arrasada de inicio a fin por uno de los clubes más notables de mediados de la década de los 50 y la de los 60, Industriales de Valencia que, distinto a lo que muchos piensan, nada tienen que ver con los actuales Navegantes del Magallanes. La confusión podría darse en que Industriales jugó en el parque Cuatricentenario[120] de Valencia, sede actual de los turcos.

En estos tres años antes descritos, no he hecho mayor comentario del verdadero hilo conductor de esta investigación (rivalidad Caracas – Magallanes), no solo porque Magallanes había sido mudado de sede y cambiado de nombre sino porque la respuesta de la fanaticada no sitúa a Oriente y Leones como una rivalidad encarnizada como lo fueron Cervecería – Magallanes o Leones – Magallanes. Esto en parte también era debido a que en esas tres campañas ni Leones ni Oriente coparon la escena de la pelota venezolana[121], dejando caer el termostato de la rivalidad en unos cuantos grados. Sin embargo, es imposible dejar de mencionar la locura que producía en los fanáticos la forma de jugar de "Camaleón" García, los ponches de Ramón Monzant (estos dos por parte de Oriente), pero más importante aún fue lo experimentado por la afición, no solo Caraquista sino de todo el béisbol venezolano, al ver jugar a uno de los mejores jugadores venezolanos de todos los tiempos: Víctor "Vitico" Davalillo; quien debutó el 17 de octubre de 1957 nada más

---

119 Para esta temporada, la Liga dispuso un formato de clasificación similar al actual, en donde los mejores 4 de la temporada (disputada por Valencia, Leones del Caracas, Pampero, Oriente, Centauros, Gavilanes, Rapiños y Pastora, siendo estos últimos 4 de la Liga del Zulia), se enfrentarían para encontrar a los 2 finalistas.

120 El parque Cuatricentenario, en la década de los 60 se le cambió de nombre a José Bernardo Pérez, actual puerto de los Navegantes del Magallanes.

121 Dejando el sitial de honor al Industriales de Valencia.

y nada menos que ante el heredero del Magallanes: el Oriente. A pesar de que no conectó de hit en ese juego fue muy bien visto por la fanaticada caraquista, que a pesar de estar precedida por Alfonso "Chico" Carrasquel, con el doble puesto de manager/jugador, estaban ávidos de glorias. Como dato curioso es necesario acotar que esta primera incursión de Vitico en la pelota venezolana fue en calidad de lanzador. Vitico fue sin lugar a dudas el mejor jugador venezolano de su momento, casi dos generaciones disfrutaron de su formidable talento en el outfield y de su inigualable forma de batear en sus 30 temporadas en la liga venezolana, en donde se convirtió hasta hoy en el máximo coleccionista de hits con el astronómico resultado de 1505 inatrapables. Ningún jugador en la Liga ha tenido más temporadas jugadas que Vitico.

## Otro título internacional para Venezuela

Entre abril y mayo de 1959 otra generación de jóvenes peloteros amateur salió fuera de nuestras fronteras para defender los colores patrios. Los Juegos Panamericanos, celebrados en la ciudad de Chicago, fueron la ocasión.

Nuestra delegación tenía talento, sin embargo, en medio de un país que atravesaba una delicada situación de inestabilidad derivada de los efectos post dictadura, careció de apoyo económico. Nuestros jugadores tuvieron que suministrarse sus propios zapatos y guantes ya que, el Estado venezolano no se los aportó. Se puede afirmar que no era un pobre equipo sino un equipo pobre.

Una vez en Chicago, nuestros muchachos fueron visitados por Luis Aparicio[122] quien para ese momento jugaba para los Medias Blancas. La súper estrella criolla creyó en el potencial de aquella selección y en todo momento les dio consejos y les prestó bates para que pudieran jugar.

En este momento no contábamos con una selección como la del 41, pero teníamos buena representación. El equipo de Venezuela estaba compuesto

---

122 Luis Aparicio es, hasta el momento nuestro único jugador venezolano miembro del selecto Salón de la Fama de las Grandes Ligas. En su honor todos los equipos de la LVBP retiraron el número 11 de sus uniformes ya que fue el empleado por Aparicio en toda su carrera.

por: Rubén Millán, Francisco López, William Tronconis, Eduardo Amaya, Miguel Girón, José Flores, Raúl Landesta, Dámaso Blanco, Domingo Martín, Manuel Pérez, Luis Pelaver, Alejandro Millán, José Pérez, Pedro Ferriera, Enrique Capechi y Francisco Olivares.

Contra todos los pronósticos nuestros muchachos fueron venciendo uno a uno todos los obstáculos que se les presentaron incluyendo a Cuba y a Estados Unidos en la final, donde los nuestros hicieron valer toda su fuerza y obtuvieron la medalla de oro en aquellos juegos panamericanos. Uno de los héroes fue el lanzador Enrique Capechi el cual fue pieza angular de los dirigidos por el manager Casanova ya que dictó cátedra desde la lomita y ganó hasta en dos oportunidades. *"Fue algo indescriptible, una alegría que no nos cabía en el pecho, abrazos, saltos, gritos; un orgullo...",* recuerda Enrique Capecchi cuando se concreta el último out del juego que coronó a Venezuela.[123]

Esta victoria de otra delegación venezolana en el exterior contribuyó notablemente a que el tricolor patrio fuera reconocido a gran escala entre las potencias beisboleras del mundo.

**Los sindicatos también juegan béisbol**

Al poco tiempo que Venezuela entra en la democracia tras la caída de la dictadura de Marcos Pérez Jiménez, el béisbol también se impregna de las luchas por las reivindicaciones laborales. En 1959 se crea el Sindicato de Beisbolistas y Managers de la Liga Venezolana de Béisbol Profesional, teniendo como presidente a: Juan Antonio Yánez ("Yanesito"), quien fuera dueño del Patriotas de Venezuela, una de las novenas con las que se inaugurara la Liga. Las dos primeras medidas que tomó éste sindicato fueron: la creación de una Liga de Verano con sede en Barquisimeto y, la segunda fue fundar la Asociación Venezolana de Peloteros Profesionales. Ésta institución, al poco tiempo le tocó demostrar que no era un adorno corporativo sino que por

---

123 http://www.diariolavoz.net/2014/10/05/1959-55-anos-de-una-gran-hazana-venezolana/

el contrario defendería a capa y espada los derechos de sus agremiados. El 19 de diciembre de 1959, el manager de Licoreros del Pampero y primer grande liga venezolano Alejandro "El Patón" Carrasquel fue despedido de su cargo, a lo que la antigua leyenda del pitcheo criollo reacciona rompiéndole la mandíbula de un golpe a Eduardo Moncada, periodista y directivo del Pampero. Ante este acontecimiento, sin antecedentes en la Liga, Hermán "Chiquitín" Ettedgui en su condición de presidente decide hacer una sanción ejemplar suspendiéndole del torneo local por dos años.

La dura medida trajo mucho descontento entre los jugadores de todos los equipos. La Asociación de Peloteros, dos días después de la sanción hace un comunicado público en el que amenazan con irse a la huelga si la Liga no restituía al "Patón" inmediatamente en sus funciones. Las hostilidades entre el gremio de peloteros y la Liga se recrudecen cuando varios jugadores deciden no participar en el Juego de las Estrellas pautado para efectuarse en la ciudad de Maracaibo el día 24 de diciembre. En el tablero del ajedrez de esta contienda, el siguiente movimiento de la Liga fue suspender a los jugadores implicados por el resto de la campaña. La Asociación responde a esta medida dando un respaldo total a sus agremiados y resuelve que no se jugarán los encuentros mientras negociaban con la Liga una solución a las hostilidades. Al no llegar a un acuerdo entre las partes se suspendió el resto del torneo, siendo ésta la primera oportunidad que ocurría este acontecimiento en la pelota venezolana.

La pelota profesional venezolana se reanudó en la temporada siguiente, en donde el Oriente se enfrascó en una disputada final contra los Industriales del Valencia. Para disgusto de los Indios, quien los derrotó en el juego decisivo, fue un refuerzo proveniente de los Leones del Caracas, Víctor Davalillo, quien desde la lomita solo permitió tres aislados hits para dejar fuera de la contienda a los herederos del Magallanes.

En el torneo 61-62 se dio lo más cercano a una final entre los eternos rivales, puesto que el Oriente se midió a la poderosa toletería melenuda, pero ni siquiera los endemoniados lanzamientos del mítico Jesús "Carrao" Bracho lograron detener a los Leones, quienes se llevaron el campeonato.

En el certamen de la 62-63 el Oriente, debido a motivos económicos y de identidad local, se tiene que retirar de la contienda. Rafael "Fucho" Tovar, presidente del Oriente, indicó que la decisión se tomó a raíz de la crítica situación por la que atravesaba el conjunto. En ese momento surgió la figura salvadora del hombre de radio Antonio José "El Catire" Izturis, quien pagó las deudas del Oriente y se hizo su propietario. Entre algunas de sus medidas estuvo: cambiar el nombre de Oriente a Orientales y reforzar sus filas con Alfonso "Chico" Carrasquel, quien a la vez que jugaba en el campo se ocupaba del trabajo de oficina con el cargo de Gerente General. Este cambio tampoco trajo resultados positivos, debido a que Orientales desde el mismo inicio de la temporada estuvo confinado a los puestos de abajo de la tabla.

Dos acontecimientos quedarían marcados en los anales de la historia del béisbol profesional venezolano por parte de este club de tan poca vida en el circuito. El primero de ellos tuvo lugar el 18 de noviembre de 1963, cuando el pitcher zurdo Melvin "Mel" Nelson logró lanzar un juego sin hits ni carreras contra los melenudos. Este juego ayudó a revivir la pasión y rivalidad de antaño, puesto que, en realidad fue un juego épico, en donde en la novena entrada, con dos outs el último hombre al turno era Víctor Davalillo el campeón bate del año anterior y a la postre de ese torneo, quien en cuenta de 3 y 2 se ponchó tirándole a la última bola. El lanzador Nelson fue sacado en hombros por una multitud histérica que veía cerca el resurgir del Magallanes. Para contribuir más a la rivalidad ese año se llevó el campeonato los Leones del Caracas. El segundo acontecimiento aportado por Orientales en las páginas de récords de la liga se vio el día 6 de enero de 1964, cuando el "Carrao" Bracho se convirtió en el primer pitcher en alcanzar 100 victorias de por vida en la Liga Venezolana de Béisbol Profesional. Esa zafra fue la única jugada por Orientales, cuyo dueño "El Catire" Izturis vio en esos dos acontecimientos el momento perfecto de levar anclas de nuevo al Magallanes.

Observando al Oriente y luego Orientales como un fenómeno histórico concluido, se puede evidenciar, desde el punto de vista de la psicología social, que este transitar de la novena por distintas sedes del país contribuyó notablemente a que el Magallanes conquistara cantidad de fanáticos en casi toda la geografía nacional.

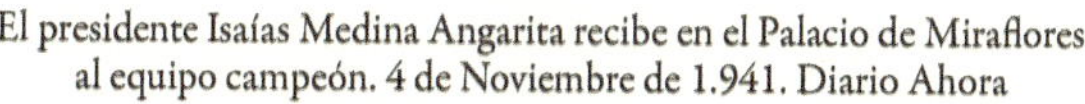

El presidente Isaías Medina Angarita recibe en el Palacio de Miraflores
al equipo campeón. 4 de Noviembre de 1.941. Diario Ahora

El presidente Isaías Medina Angarita recibe en el Palacio de Miraflores al equipo campeón.
4 de Noviembre de 1.941. Diario Ahora

# Discurso de Andrés Eloy Blanco

**EN EL ESTADIO NACIONAL DE CARACAS PARA SALUDAR, A NOMBRE DEL PUEBLO DE VENEZUELA, A LOS PATRIOTAS QUE GANARON EN CUBA EL CAMPEONATO MUNDIAL DE BASSE - BALL AMATEUR.**

Comenzaré por recordar a los poetas. Porque era ésta la tribuna preferida de Píndaro; porque el primer canto que conocemos del Poeta, fué la consagración de un niño de Tesalia, vencedor de una carrera olímpica. Así, en un estadio así, sobre una tierra ardiente como ésta, bajo un cielo azul como éste, se hizo a Grecia. De la arena de Olimpia surgió la línea de la cultura helénica; de la nube de atletas salían los marinos que dejaban cantando el golfo arcadio para surcar el Jonio bajo velas de púrpura; de allí surgieron los diez mil que saludaron al Mar Negro con grito de salvación; allí los magistrados bebían fuerza, bondad y equilibrio; allí nutrió las pantorrillas el heraldo de Maratón; tanto significaba para Grecia el estadio, que, contaba los tiempos, ya no por años, sino por olimpiadas; mientras duraran los juegos, no podían declararse la guerra las naciones vecinas; y si alguna guerra existía para esa temporada, la tregua se imponía, las hostilidades cesaban, las armas se dormían como locos cansados. Toda división, toda rencilla, se dejaban de lado; en los festejos a los vencedores, los poetas cantaban cantos píticos, los pintores exhibían sus cuadros y los escultores sus estatuas; allí leyó Herodoto su Historia e Isócrates su Panegírico; los pueblos enviaban embajadas para saludar a los triunfadores y eran teorías vivas y traían palmas y laureles; y, mientras desfilaban por la arena o reposaban del banquete en el Pritáneo, el magistrado, el poeta, el escultor, el pueblo, bebían para siempre la luz griega, para plasmar la acción y el pensamiento de lo clásico, ya en la expresión de equipo o de orfeón que le dió ser al pacto de Corinto, ya en la profunda voz humana que detenía el canto de las aves en el paseo aristotélico; ya en el rumor de abejas que van a buscar miel sobre los labios de Píndaro dormido, ya en la sentencia de Pericles o el postulado de Licurgo, ya en el cándido sobresalto de Fidias que quiere eternizar la forma de la limpida justicia en el reposo de la luz de Grecia, caída sobre el torso de Apolo o reclinada en las caderas de las Gracias. (Ovación).

Pero dejemos Grecia, que, siglos adelante, sobre el puente de un navío español, nos espera la suprema olimpiada. Contemplemos, de paso, la conquista, que, si fué una hazaña de la inconformidad, fué también un producto de la buena salud y el ansia de justicia.

Nada nuevo diríamos si nos detuviéramos a considerar lo que ga

(Pasa a la página 9)

## Labor de la Sociedad Amigos de los Ciegos

Del Boletín de la "Sociedad Amigos de los Ciegos" número correspondiente al mes de setiembre, tomamos la siguiente nota que demuestra como se viene trabajando en esta Institución venezolana, que obedece a directrices científicas y está motorizada por un sentimiento sincero y un dinamismo insospechable.

Nos place el hecho de que en la nota destacan rasgos de la personalidad científica y filantrópica del Dr. Francisco Ramírez, a quien se debe un fervoroso aporte de entusiasmo que le hace honor.

**NUESTRA LUCHA CONTRA LA CEGUERA**

La lucha contra la ceguera, es uno de los múltiples problemas incia de nuestra acción en la lucha contra la ceguera. Hoy inauguramos esta sección, por la que desfilarán uno a uno todos los que, gracias a nuestra intervención, han dejado de ser inútiles.

Aquí va un ciego de menos, y un par de brazos más en las actividades útiles para la sociedad y para ellos mismos.

Pedro Alejandro Díaz, de 45 años de edad, es un hombre activo y trabajador; ha sido navegante y últimamente era cocinero en el Hotel Madrid de Puerto Cabello, de donde es oriundo.

Perdió primero la visión del ojo izquierdo, y al quedar después completamente ciego, se resolvió a venir a Caracas. El chofer del autobús en que viajaba, le aconsejó dirigirse a la SOCIEDAD "AMIGOS DE LOS CIEGOS".

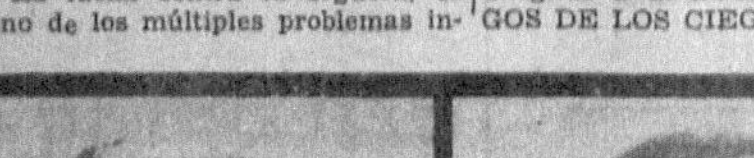

Durante la recepción de los campeones mundiales de beisbol amateur, Andrés Eloy Blanco, pronunció un discurso de bienvenida. Diario Ahora 22 de Noviembre 1941

Aviso de promoción de juego de los campeones a beneficio del Instituto Venezolano de Ciegos.
Diario Ahora 24 de Noviembre 1941

Escenas del 22 de octubre de 1941. Diario Ahora Jueves 23 de Octubre 1941

Almacén "El Gallo de Oro" felicita a los campeones mundiales y anuncia la suspensión de toda su actividad comercial todo el día para recibir al equipo campeón. Diario Ahora

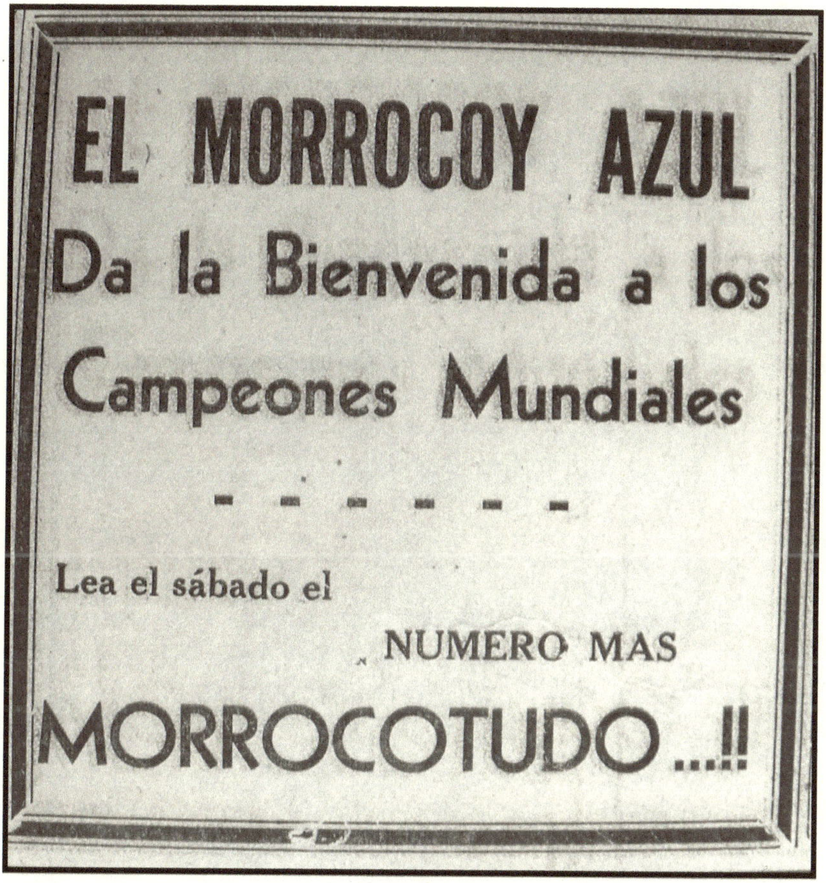

EL MORROCOY AZUL

Da la Bienvenida a los Campeones Mundiales

Lea el sábado el NUMERO MAS

MORROCOTUDO ...!!

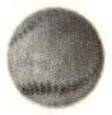

Hasta los periódicos de corte humorístico de la época dan su salutación a los campeones.
Diario Ahora, Miércoles 29 de Octubre 1941

Reseña de la apoteósica  llegada de los Campeones del 41. Diario Ahora-Jueves 30 de Octubre 1941

# PROGRAMA

ELABORADO POR LA ASOCIACIÓN VENEZOLANA DE BASE BALL Y LA JUNTA PRO-FESTEJOS PARA REGIR LA RECEPCIÓN DE HOMENAJE AL EQUIPO VENEZOLANO.

## Campeón Mundial de Base Ball Amateur de 1941

1o.—El miércoles a las 8 a. m. a la llegada a La Guaira del Crucero "CUBA" que conduce a la DELEGACION VENEZOLANA, una Comisión compuesta por los DELEGADOS del Ejecutivo Federal, de la Gobernación del Distrito Federal, del Concejo Municipal del Distrito Federal, de los señores Santa Anzola, Enrique Acosta y Luis G. Blank, en representación de la A. V. B., de los señores Don Santiago Alfonzo Rivas, Enrique Boulton, Miguel Octavio y Carlos Lavaud, por el Comercio de Caracas; de los señores Carlos Lemoine, Luis Gonzalo Marturet y Luis Rincón por el comercio de La Guaira y de los señores Miguel Otero Silva, Pablo Morales y Juan Antonio Yanes por la Junta Pro-Festejos, recibirán a los CAMPEONES MUNDIALES en los Muelles de La Guaira.

2o.—Estas Comisiones acompañando a los Campeones Mundiales y al Comandante y Oficialidad del Crucero "CUBA" se trasladarán a Caracas.

3o.—La recepción solemne, oficial y pública del EQUIPO VENEZOLANO triunfador en La Habana se efectuará en el ESTADIO NACIONAL del Paraíso a las 10½ de la mañana, de acuerdo con el siguiente orden:

1o.—Palabras del señor Presidente de la A. V. B.
2o.—Palabras del Delegado nombrado al efecto por el Ejecutivo Federal.
3o.—Salutación del Dr. Andrés Eloy Blanco a nombre del pueblo de Venezuela.
4o.—Entrega de Trofeos y Premios.
5o.—Palabras del señor Abelardo Raidi, Jefe de la Delegación, a nombre del Equipo Venezolano.

Este acto será amenizado por una Banda de música cedida por el Gobierno Nacional. El Cuerpo de Boy Scout del Distrito Federal, tendrá a su cargo la vigilancia dentro del Estadio Nacional.

La Junta Pro-Festejos y la Asociación Venezolana de Base Ball en su deseo de que esta recepción constituya una merecida apoteosis a nuestros valientes muchachos, invita a toda la ciudadanía del Dto. Federal a concurrir a este acto.

4o.—Lunch que en honor de los CAMPEONES MUNDIALES y del Comandante y Oficialidad del Crucero "CUBA" se efectuará en el Pabellón del Hipódromo Nacional, para cuyo acto circulan invitaciones especiales.

5o.—Grandiosa Verbena en honor y homenaje a los CAMPEONES MUNDIALES y para cuyo acto serán huéspedes de honor el Comandante y Oficialidad del Crucero "CUBA".

El valor de las entradas para esta Verbena es de Bs. 5,00 caballeros y Bs. 3,00 las damas, y el producto de ella será destinado integramente a obsequiar a nuestros Campeones.

### NOTA IMPORTANTE

La Junta Pro-festejos excita a los organismos Nacionales y Municipales, Institutos Bancarios, Compañías de Petróleo, Compañías Anónimas, Comercio en general, Industrias, Constructores, etc., permitir a sus empleados y obreros concurrir a todos estos actos.

Caracas: 27 de Octubre de 1941.

Programa Oficial de recepción de los campeones, acto que se celebrará en el Estadio Nacional del Paraíso. El Universal-Jueves 23 de Octubre 1941

# Por Primera vez en su Historia Deportiva
# Venezuela Obtiene un Campeonato Mundial

## LOS ALTOS REPRESENTANTES DE VENEZUELA ANTE EL TRIUNFO EN CUBA

El país se está compactando por medio de las justas deportivas. Preocupaciones que ocupaban la atención quedaron relegadas a segundo término. La Nación entera hizo un alto para esperar y aplaudir el coraje de nuestros players

Venezuela, con el enorme Daniel Canónico en el box, derrotó a Cuba en un match sensacional con score de 3 a 1. El inteligente pitcher criollo sometió a los formidables bateadores cubanos por segunda vez

Un "rally" en el primer acto, donde se combinaron bases por bolas para Pérez y Benítez, y batazos de dos bases de Ramos y Casanova, aseguró la victoria criolla

DALMIRO FINOL EJECUTO LA MAS GRANDE ENGARZADA QUE SE RECUERDA EN SERIES MUNDIALES CASANOVA Y PETIT FUERON UNAS ESTRELLAS EN EL FILDEO, GRANDIOSA LABOR DE TODO EL CONJUNTO

Por Herman ETTEDGUI

## La Contienda Beisbolera de Cuba y la Guerra Mundial

El deporte por el deporte. El patriotismo al servicio del progreso cultural y social. El mundo del porvenir

Por F. J. Avila

Herman "Chiquitín" Ettedgui reseña la llegada de los campeones en el diario
El Universal-Jueves 23 de Octubre 1941

Los campeones venezolanos. El Universal-Jueves 23 de Octubre 1941

Selección de Venezuela de Beisbol 1942

Histórica foto antes del partido del 17 de octubre de 1.941. Posan los integrantes
de los Equipos de Cuba y Venezuela

Partido de Beisbol celebrado en el Estadio de San Agustín. Año 1944

# Consolidación de una rivalidad 1965-1994

En esta última etapa de investigación me voy a ocupar de explicar cómo fue la consolidación de la rivalidad entre Leones del Caracas y Navegantes del Magallanes. Se trata de una breve reconstrucción histórica de algunos de los episodios más brillantes protagonizados por ambos clubes, recorriendo los momentos más emocionantes hasta alcanzar el punto clímax de la pasión de la rivalidad en la final de campeonato de la temporada 93-94.

Este capítulo se va a dividir en dos periodos: 1) el que va desde 1964 hasta 1969, segmentación que se debe al hecho de que en el último de estos años el Magallanes mudó su sede a la capital carabobeña, lo cual dotó de un carácter regional a la rivalidad Caracas–Magallanes; y 2) la que va de 1969 hasta 1994, en que la rivalidad terminó de consolidarse.

Los hilos conductores de estas dos etapas son: las hazañas realizadas por jugadores emblemáticos de cada uno de los equipos; y el desempeño de cada equipo en las finales disputadas. Como el tema principal de esta investigación es la pasión de la rivalidad Caracas–Magallanes, desde un punto de vista sociológico y psicológico, dos de los factores que más inciden en que la gente se identifique con un equipo es porque cuentan con los mejores jugadores y por su tradición ganadora.

## Magallanes navega de nuevo

La pasión magallanera que poseía "El Catire" Izturis era en realidad admirable, así como lo era su perseverancia por hacer que los turcos volvieran a zarpar al ruedo peloteril. De este modo, con tan solo una temporada en el negocio del béisbol, en su calidad de propietario del Orientales, Izturis logró convencer a Carlos Lavaud de venderle los derechos de utilizar el nombre Navegantes del Magallanes. Luego de muchas entrevistas al fin pudo llegar a un entendimiento con Lavaud. Nunca se supieron con exactitud los términos a los cuales llegaron estos dos amantes del béisbol, pero lo cierto es que el secreto se lo llevaron ambos a la tumba[124]. A nivel legal lo único que consta es el traspaso de la suma de 150.000 bolívares, lo que solo permite suponer que hubo algo más en la negociación porque Lavaud rechazó muchas ofertas, incluso mayores a esta.

Para la temporada 64-65 los turcos zarparon una vez más al béisbol profesional venezolano[125], completando los participantes estuvieron: Tiburones de La Guaira, Industriales del Valencia y el eterno rival, Leones del Caracas.

La fecha en que el Magallanes saltó de nuevo al terreno fue el 17 de octubre de ese año 64, cuando enfrentaron a su similar de Industriales de Valencia. Lo curioso de este juego fue que se realizó en el Parque Cuatricentenario[126] de la capital carabobeña, estadio que cinco años después sería la sede de los turcos. Los pericos, apodo con el que se conocía a los Industriales por su uniforme verde y amarillo, le dieron una bienvenida de pesadilla al Magallanes al derrotarlos con un marcador de 6 carreras por 2. No obstante, al día siguiente, la fanaticada magallanera recibió el regalo de un triunfo sobre los Leones del Caracas. Ese resurgir del conjunto marino tuvo graves problemas en esas primeras de

---

124 Lo que si se pudo saber por personas cercanas a los dos hombres de negocios es que Lavaud empezó a considerar y ver con buenos ojos el pedimento de Izturis una vez que este le prometió que la novena no volvería a naufragar.

125 El Magallanes jugó desde entonces en el parque Universitario, hasta que en 1969 se mudara a su actual sede Valenciana.

126 En la actualidad parque José Bernardo Pérez.

estelar diestro se vistió de hombre récord de la Liga al abanicar hasta 21 oponentes, siendo aún récord vigente de la liga. Todo empezó en la segunda entrada cuando ponchó a José Vidal Nicolás, bateador de los Cardenales de Lara. A partir de allí despachó nueve toleteros más de manera consecutiva, algo que jamás se había visto en el país. Krausse fue capaz de abanicar 11 bateadores más para obtener una victoria de leyenda con un marcador final de 7 carreras por 0, en donde la única sombra del picheo de Krausse fue un inatrapable en la propia primera entrada.

Otro astro que brilló en los corazones de la fanaticada en esa temporada fue el lanzador Graciliano Parra quien, vistiendo la casaca de los Bucaneros, fue designado para lanzar el primer encuentro de la campaña[128]. Luego de otorgar boleto al primer bate de los Tiburones de La Guaira Ángel Bravo, fue tejiendo una fabulosa actuación en donde tuvo nueve entradas y dos tercios sin permitir ningún inatrapable hasta que, en la décima entrada con par de out en la pizarra permitiría el único hit del juego. En el cierre de ese episodio, Magallanes anotaría la única carrera del encuentro para dejar en el terreno a los escualos por la mínima diferencia.

En los play off[129] de dicho torneo tanto melenudos como turcos jugaron muy buena pelota. Magallanes, luego de tener la serie casi ganada, fue barrido por los Tiburones de La Guaira en tres juegos para quedar eliminados. El equipo guaireño se convertiría en campeón de la zafra al imponerse a los Industriales del Valencia.

En las próximas campañas los Leones serían superiores a los turcos. El Magallanes pareció resignado a refugiarse en las hazañas individuales de sus jugadores más que en lo que pudiera lograr como equipo. Uno de los ejemplos de esta actitud fue lo ocurrido el 25 de octubre de 1966 cuando Luis "Camaleón" García se convirtió en el primer jugador en conectar 1000 inatrapables de por vida en la pelota venezolana.

---

128 El pitcher designado inicialmente para encargarse del primer compromiso de la temporada fue  Isaías "Látigo" Chávez, pero debido a una desavenencia económica con la dirigencia del club no pudo jugar sino hasta dos meses después de iniciado el torneo.

129 Play Off es la fase previa a la final y, etapa posterior a la ronda regular.

cambio, pues su manager, el importado Sparky Anderson[127], dejó una racha de 13 derrotas consecutivas producto de su desempeño en la dirección, cifra esta que fue récord por muchos años en el béisbol profesional venezolano.

A pesar de ser una temporada para olvidar por parte de los fanáticos magallaneros, puede decirse que no todo fue tan malo, pues Luis "Camaleón" García, estrella de la tercera base, llegó a los 900 inatrapables de por vida en la pelota venezolana, una hazaña para la época. También comenzó a brillar desde la lomita el estelar Isaías "Látigo" Chávez, en tanto que Alfonso "Chico" Carrasquel se convirtió en manager jugador, culminando una carrera como jugador activo de las más brillantes que haya tenido pelotero alguno y aunque este doble desempeño no era la primera vez que se veía en Venezuela, "El Chico" siempre fue un jugador muy querido por la fanaticada venezolana en general. Por último, el ya mencionado "Camaleón" García obtuvo el título de bateo de esa campaña al liderizar los bateadores de la liga con un astronómico average de 394, lo que alegró un poco a los magallaneros que vieron a su novena caer derrotada en 37 oportunidades por tan solo 13 victorias.

Caracas ni mucho menos Magallanes pudieron figurar como campeones de la zafra 64-65, ya que La Guaira, amparados en los invisibles lanzamientos de su estelar Marcelino López, se alzaron con la victoria.

El torneo 65-66, para los ojos de los espectadores y de los reporteros ligados al medio, tenía como principal atractivo la expansión de la Liga. Los nuevos integrantes del circuito fueron los Tigres de Aragua y Cardenales de Lara. No obstante, el verdadero espectáculo de ese año fue el indetenible picheo mostrado, en líneas generales, por los lanzadores de los seis equipos adscritos a la Liga. Entre esas luminarias desde las lomita destaca el lanzador melenudo Lew Krausse, este soberbio serpentinero despertó muchas pasiones en el parque de la Ciudad Universitaria, en donde se pueden resaltar sus seis blanqueos para liderizar la Liga en ese rubro. Pero lo inolvidable para los fanáticos melenudos, con respecto a Lew Krausse, fue esa joya de picheo que realizó el 3 de noviembre de 1965, en donde el

---

127 El mismo estratega que años más tarde comandaría la famosa "Maquinaria Roja" de los Rojos de Cincinati, en las Grandes Ligas, liderizada por el "Rey" David Concepción. Este equipo obtuvo el campeonato de 1975.

La temporada 66-67 es recordada por lo parejo que marcharon los clubes, tanto así que para el mes de diciembre la diferencia entre el primero y el último lugar no era mayor a cinco encuentros. En tal grado de paridad los fanáticos y la prensa especializada suele recordar dos acontecimientos: el primero es que el Magallanes fue eliminado de la siguiente ronda al perder una sucesión de cuatro juegos que restaban a la ronda regular; y el segundo que la final, disputada entonces entre Leones y Tiburones, se decidió en el quinto encuentro, el cual no lo olvidarán nunca ni los seguidores de los Leones ni los guaireños. En el cierre de la quinta entrada los Tiburones ganaban el encuentro con una abultada pizarra de 7 rayitas por 0, no obstante la garra de los peloteros caraquistas se dejó sentir al descontar con 4 anotaciones en ese episodio para meterse de nuevo en el encuentro. Los Tiburones recuperarían algo de su ventaja en la sexta entrada en donde marcaron una anotación para dejar la escena servida para una de las más grandes remontadas de la historia de la pelota venezolana para ese momento. En el cierre de la séptima los Leones no tuvieron ningún tipo de compasión con el picheo escualo, a los cuales despedazaron al anotar hasta en 11 oportunidades con un total de 14 bateadores desfilando por el home en ese episodio. Al final los melenudos obtendrían el campeonato ganando 16 carreras por 9.

En la campaña 67-68 los Leones se basaron en el formidable bateo de Víctor "Vitico" Davalillo para revalidar el campeonato obtenido en la zafra anterior. Para mayor satisfacción de la fanaticada capitalina, sus eternos rivales, los Navegantes del Magallanes no pudieron pasar del último puesto de la clasificación. Esta campaña también marcó el final de la vida del Industriales de Valencia, los cuales dieron paso a Llaneros de Portuguesa, efímero conjunto que no se mantendría más de una campaña para luego dar paso a las Águilas del Zulia.

En la campaña 68-69 los Tiburones de la Guaira tuvieron el título al imponerse a los Tigres de Aragua en su primera experiencia en instancias finalistas, no obstante el acontecimiento más resaltante de esta zafra fue la hazaña alcanzada por el fenomenal lanzador diestro de los Leones del Caracas Howie Reed. Fue el 24 de octubre de 1968 en que colocó una nueva pieza de picante a la ya fortalecida rivalidad entre Caracas - Magallanes, al propinarle un juego sin hit ni carreras a los Bucaneros, emulando de este modo lo obtenido por Lenny Yochim[130] unas temporadas atrás. Reed solo concedió un boleto en el encuentro para una victoria definitiva de 5 carreras por 0.

## La rivalidad cobra un cariz regional

Para la 69-70, la fanaticada del béisbol venezolano se estremeció con la noticia de la mudanza de los Navegantes del Magallanes a la ciudad de Valencia. De este modo el club eléctrico cerraba un importante episodio de su historia escrita en la capital del país. Un grupo de inversionistas valencianos compró la divisa al "Catire" Izturis y decidió mudar a la novena a la capital carabobeña que se había quedado sin béisbol profesional tras la desaparición del Industriales. También en esa campaña remonta vuelo por primera vez el conjunto Águilas del Zulia los cuales reemplazaron a los Llaneros.

A modo de anécdota histórica, fuera de nuestras fronteras en la década de los sesenta, en las grandes ligas, el conjunto de los Mets de New York era, sin lugar a objeciones, el peor conjunto del circuito, lo que hizo que el nombre de Mets fuera sinónimo de burla para el ámbito beisbolero. La mofa se trasladó a Venezuela, en donde se sustituyó el nombre de Mets por el del Magallanes. Esto era debido a que desde la campaña 54-55 los turcos no obtenían un campeonato y, si bien es cierto que la novena se había ausentado por un lapso de 8 años, sus sucesores, Oriente y Orientales se encargaron de afianzar la mala racha del club. Los fanáticos caraquistas chanceaban con los magallaneros que *Magallanes será campeón cuando el hombre llegue a la luna y los Mets sean campeones*. Si algo hay que reconocerles a los seguidores melenudos es sus grandes habilidades proféticas, ya que el 20 de julio de 1969 el hombre por primera vez puso un pie en la luna y en octubre de ese mismo año, un conjunto de jóvenes emprendedores, reconocidos históricamente como los Maravillosos Mets, lograron darle el título al conjunto de la gran manzana. Haciendo su parte en las palabras proféticas de los seguidores melenudos, el ahora carabobeño Navegantes del Magallanes salió de una manera arrolladora en la campaña 69-70.

---

130 Yochim fue el primer lanzador en pichar un juego sin hit ni carreras en la Liga profesional de béisbol venezolano. Lo hizo el 8 de diciembre de 1955 ante el eterno rival, Navegantes del Magallanes.

Meses antes de que iniciara el torneo (el 16 de marzo de 1969), la fanaticada venezolana y más específicamente magallanera se vio enlutada con el trágico accidente aéreo que segó la vida de quien fuera uno de sus jugadores consentidos, Isaías "El Látigo" Chávez, el cual había sido uno de los pilares del resurgir de la nave. El nacido en Chacao sólo contaba con 21 años al momento de su fallecimiento.

Una sólida base nativa aliada con una importación de primera, en donde resaltó Clarence Gaston, hicieron del conjunto turco un equipo muy diferente al que se había mostrado en los años anteriores. Luego de 15 años los turcos volvían a una final y se hacían dueños del gallardete. Para despecho de la fanaticada caraquista, su novena quedó eliminada en la primera ronda aún cuando contaban entre sus jugadores con la pareja más temible de los últimos años: César Tovar y Víctor Davalillo[131].

La víctima de los turcos en la final de esa campaña fue Tiburones de La Guaira, conjunto que en los últimos torneos habían estado sucesivamente en la final. A pesar de marchar como favoritos para obtener el título, los escualos no pudieron descifrar el picheo magallanero, quienes en 27 entradas permitieron solo 1 rayita y 14 inatrapables. Finalmente el Magallanes barrió en tres encuentros y se coronó como campeón y representante de Venezuela en la Serie del Caribe que se realizaría en la ciudad de Caracas[132]. El famoso clásico del Caribe estaba de retorno en ese año en la segunda etapa de dicho torneo, en el cual, una de las naciones más ganadoras, Cuba, debido a motivos políticos decidió no asistir. Caso parecido le ocurrió a la selección panameña. El Magallanes no encontró un oponente que estuviera a su altura y conquistó para Venezuela el primer campeonato del Caribe.

La campaña 70-71 tendría ciertas similitudes con la anterior. Luego de una no tan brillante temporada regular, Tiburones y Navegantes clasifican a los play off de tercero y cuarto respectivamente, luego liquidaron a Leones

---

131 Para muchos cronistas deportivos esta pareja ha sido la más letal de todos los tiempos, ya que realmente podían hacerlo todo tanto a nivel defensivo como ofensivo.

132 La serie del Caribe tenía 9 años sin efectuarse y contó con la participación de República Dominicana, Puerto Rico y Venezuela, ya que ni Cuba ni Panamá se presentaron.

y Cardenales y se convirtieron en finalistas[133]. Esta fue una final de mucha tensión y de gran garra demostrada por las dos novenas, pero luego de utilizar el máximo de siete encuentros los Tiburones cobraban revancha al imponerse a los turcos alcanzando su cuarto título de por vida. Aparte del sub campeonato de los turcos, también los fanáticos magallaneros celebraron en esa campaña el retiro del béisbol activo de Luis "Camaleón" García. Los caraquistas, por su parte, se regocijaron en el cuarto título de bateo de "Vitico" Davalillo.

La campaña 71-72 no fue la mejor para el Magallanes pues, aunque forzó un juego extra al estar en una situación de triple empate, quedó eliminado en la primera etapa del torneo. Mejor suerte tuvo el club melenudo, quien no presentó problemas para clasificar a los play off, no obstante cayeron derrotados en cinco encuentros ante los Tigres de Aragua, equipo revelación del torneo. Como se había hecho costumbre en los ocho años anteriores los Tiburones de La Guaira clasificaron a la final, en esta ocasión ante los maracayeros quienes se hicieron merecedores de su primer título.

Los seguidores de la nave turca tuvieron que esperar tres años desde que fueran campeones del Caribe para poder verlos pasar a los play off, contando hasta en dos temporadas con la necesidad de jugarse y perder la oportunidad clasificatoria en juegos extra. Pero en el otro lado de la calle llamada rivalidad, los caraquistas tuvieron grandes campañas en esos años, entre ellas la del 72-73. La primera de las hazañas felinas fue brindada a la fanaticada por el experimentado serpentinero Urbano Lugo, quien el 6 de enero de 1973 jugando ante los Tiburones de La Guaira, entraría al libro de récord como el primer venezolano en lanzar un no hit no run. El diestro caraquista volvió locos a los bateadores escualos con un recital de picheos quebrados que obligaron a los toleteros a rodar la pelota por el cuadro. Solo un boleto separó a Lugo del juego perfecto.

En la final de esa 72-73 se enfrentaron Águilas del Zulia y Leones del Caracas, en donde los segundos eran los grandes favoritos ya que tenían

---

133 Siendo esta la octava ocasión en que los escualos llegaban a la instancia definitiva del torneo en forma consecutiva.

entre sus filas a jugadores de la categoría de César Tovar, Vitico Davalillo, Gonzalo Márquez, Jesús Marcano Trillo, entre otros. El favoritismo se demostró en el campo debido a que los capitalinos no tuvieron problemas en derrotar a los aguiluchos en los primeros tres encuentros. El cuarto se decantó a favor de los occidentales, pero en el quinto una jugada de Vitico cambió la historia. En el inicio de la sexta entrada las Águilas del Zulia voltearon el encuentro para colocarlo 3 a 2. El Caracas trajo a Luis Peñalver de relevo con dos hombres en las bases y al bate el poderoso refuerzo de los Navegantes del Magallanes Bob Darwin. Ante el primer lanzamiento de Peñalver, Darwin sonó un batazo que cada vez se encontraba más cerca de las gradas del jardín central, solo el providencial guante de Davalillo impidió que la esférica cruzara la barda. En el cierre de la séptima entrada los Leones fabricaron un par de anotaciones que serían suficientes para ganar el juego y con ello el séptimo gallardete felino.

La campaña 73/74 se inició como de costumbre, pero en el desarrollo de la misma una serie de desavenencias entre el Sindicato de Peloteros y la Liga Venezolana de Béisbol Profesional, derivadas de los salarios que debían devengar los profesionales de los guantes y bates mantuvo irregularidades durante todo el torneo. Las negociaciones no llegaron a feliz término por lo que la temporada se jugó únicamente en su primera fase, a lo que le siguió una huelga general de peloteros que no llegaría a solucionarse en esa campaña. En la Serie del Caribe de ese 1974 México, el país anfitrión, contó con dos representantes para suplir la ausencia del campeón venezolano.

Un acontecimiento enlutó al béisbol venezolano en aquella temporada, el 1 de enero de 1974, el lanzador importado a servicio de Los Navegantes del Magallanes, Mark Weems, para el momento el líder en juegos salvados con 11, muere ahogado en la playa de Patanemo. Weems fue un carismático pelotero que le convirtió rápidamente en un consentido de la fanaticada turca, por lo que dolió mucho su fallecimiento.

Para el torneo 74-75 juega por primera vez con la nave turca uno de los más grandes importados que ha traído dicho conjunto en su historia, Dave

"La Cobra" Parker. El zurdo, exponente del llamado "poder negro"[134] fue uno de los jugadores clave que llevó al Magallanes a disputar la final con los Tigres de Aragua quienes fueron los campeones del certamen. No obstante a los magallaneros les quedó como premio de consolación el haber dejado en el camino a su acérrimo rival en los play off, siendo esta la primera vez que se encontraban en dicha instancia.

El torneo 75-76 es recordado por la ausencia de los Leones del Caracas y de los Tiburones de La Guaira. Al no llegar a un acuerdo económico por el arrendamiento del Parque Universitario con las autoridades de la Universidad Central de Venezuela (UCV), ambas novenas se vieron forzadas a unificar sus rosters con el objeto de hacer una coalición que salió con el nombre de Llaneros de Portuguesa, aunque fue conocido más frecuentemente con el nombre de los Tibuleones[135]. Esta novena, a pesar de tener lo mejor de Leones y Tiburones, fue un desastre y se quedó en el camino. El campeón del torneo fue nuevamente Tigres de Aragua, los cuales derrotaron a Cardenales de Lara en el máximo de siete encuentros.

En la 76-77 el Magallanes repitió los servicios de Dave "La Cobra" Parker y adicionó para ese poder negro la figura de Mitchell Page, quienes con el criollo Félix Rodríguez enrumbaron a los turcos a la final del torneo, el cual le serviría de revancha al Magallanes de la campaña 70-71 ante Tiburones. La final con sabor a revancha se la llevó Navegantes del Magallanes, los cuales dieron cuenta de su rival en seis encuentros para, de este modo, obtener el quinto título; segundo de la era valenciana[136].

La 77-78 rugió al ritmo de los Leones del Caracas, quienes amparados en el soberbio bateo de Antonio Armas y Baudilio Díaz, condimentado con una extraordinaria defensa, llevaron a los melenudos a un total de 40 juegos

---

134 El poder negro fue una serie de jugadores de color que trajeron los Bucaneros en la década de los 70 y los cuales se caracterizaron por ser toleteros de gran fuerza bateadora.

135 El grupo de jugadores que no pertenecieron a los Tibuleones pero que jugaban para Caracas o la Guaira fueron cedidos por esa campaña al resto de los clubes de la liga.

136 Muchos protagonistas de esa final todavía recuerdan a la "Cobra" Parker cantando en la celebración del título en el Hotel Intercontinental de Valencia "Magallanes será campeón", tema estrenado esa temporada por el afamado Billo Frómeta.

ganados en la primera ronda del campeonato, que si bien es cierto que se jugaron hasta 70 encuentros en la temporada regular, no deja de ser un récord laudable. Por el contrario, en el otro lado de la rivalidad, los Navegantes del Magallanes decepcionaron a propios y a ajenos con un pobre registro de 28 ganados y 44 perdidos. Los turcos no se pudieron recuperar de la ausencia del astro de las ligas mayores Dave "La Cobra" Parker. A pesar de que Page y Joe Cannon tuvieron unas temporadas fabulosas al bate, el picheo fue la vergüenza del circuito.

Los Leones despacharon a Tigres de Aragua en las semifinales para enfrentarse en la etapa decisiva a las Águilas del Zulia. Esta final fue tomada como una guerra de estrategias, ya que el manager de los melenudos era el reconocido Felipe Rojas Alou, mientras que su homólogo en el bando aguilucho era Luis Aparicio hijo. Al final, en una reñida serie, los blindados Leones del Caracas alcanzaron el título en siete encuentros.

## Un brujo toma el timón

Al igual como le ocurrió al Magallanes de la 76-77, que no pudo pasar de la primera ronda viniendo de ser campeones en la zafra anterior, le pasó al bando melenudo en la campaña 78-79. Un pobre registro de victorias, adosado con un nutrido grupo de derrotas dejaron a los Leones del Caracas sin oportunidad de pasar a segunda ronda. Por su parte los Navegantes del Magallanes comenzaron la campaña de una manera desastrosa, lo que hacía pensar en que la nave naufragaría en los intentos de clasificación. En el mes de diciembre de 1978 renuncia a su cargo el manager cubano a las órdenes de la nave Octavio "Cuqui" Rojas. En su lugar y para sorpresa de todos tomó las riendas del club uno de los jugadores importados: Willie Horton, el cual era un veterano jugador de Grandes Ligas que quería tomar un segundo aire en su carrera. La medida de tener un manager jugador fue motivo de críticas en el medio deportivo. Horton, manager y bateador designado de los turcos, empezó a tomar un conjunto de medidas completamente extrañas hasta el momento, pero para malestar de sus múltiples detractores sus estrategias le dieron al Magallanes una de las remontadas más importantes de su historia, hasta el punto de que pasaron del quinto lugar al sitial de vanguardia. Horton sería reconocido como "El Brujo" gracias a sus exitosos resultados. Entre sus extravagancias podemos recordar: tocar la bola con el cuarto bate, mandar a robar bases con corredores lentos, poner a novatos como bateadores emergentes en lugar de toleteros de mayor experiencia, mover la formación a la ofensiva varias veces antes de cada juego hasta quedar conforme con el resultado, entre muchas otras. Los analistas del deporte de las cuatro esquinas, en su mayoría detestaban las excentricidades del Brujo por lo alejado que estaba de la forma habitual de jugar pelota, pero más detestaban los resultados positivos que acompañaron al popular Brujo.

Magallanes despachó a los Cardenales en seis juegos en los play off, mientras que las Águilas daban cuenta de los Tigres para de ese modo tener una final inédita contra los Eléctricos. Los Navegantes, con su "brujo" a la cabeza, despacharon en cinco encuentros a su similar occidental, que nada pudo hacer para descifrar las excentricidades de Horton. Como si eso fuera poco el Magallanes, ahora de Venezuela, partió a la Serie del Caribe en donde le hicieron frente a los colosos del certamen como, Criollos de Caguas (dueños de casa) y las siempre favoritas Águilas del Cibao.

Luego de debutar con derrota ante los dominicanos, la tropa del "Brujo" Horton ganó sus tres siguientes encuentros para empatarse en la punta con sus rivales cibaeños, los cuales partieron siendo los favoritos. No obstante, los Navegantes de Venezuela se impusieron a las adversidades para vencer a los dominicanos. Ahora Venezuela marchaba primera en la clasificación y se disputaría el título con los Mayos de Nabojoa (representante de México), a los cuales vencieron con gran demostración de coraje para titularse por segunda ocasión en el Caribe. Ese Magallanes sorteó todo tipo de dificultades para lograr lo que parecía imposible como lo sustenta la declaración de Rafael Cariel, jugador de los turcos, quien, en medio del júbilo de la celebración dijo: "*Si nos mandan a Nicaragua tumbamos a Somoza*"[137].

---

137 Emil Bracho y Giner García, La Travesía. Valencia, Fundación Magallanes, pp. 148.

## Los ochenta: una década melenuda

En las siguientes tres campañas (79-80, 80-81 y 81-82), se hizo sentir el rugido de los Leones del Caracas, los cuales no dejaron protagonismo para más nadie. En esas tres temporadas los melenudos se llenaron de glorias a granel, pero entre ellas las más importantes fueron las siguientes: en la 79-80 le propinaron la mayor humillación de la historia de la eterna rivalidad al Magallanes, al barrerlos 14 juegos por 0 en la serie particular. Por si fuera poco, el 12 de enero de 1980 ante los lanzamientos de Aurelio Monteagudo, Baudilio Díaz conectaría el vuela cercas número 20 de la temporada, para de este modo superar la marca que tenía en su poder el toletero americano de los Navegantes del Magallanes Bob Darwin de 19 estacazos de cuatro esquinas en la temporada 72-73. La algarabía fue tremenda en todo el país, porque no solo se desplomó un récord que se creía insuperable sino que además lo había logrado un venezolano.

El otro logro superlativo de los melenudos en esa zafra fue el hecho de ganar 46 encuentros en ronda regular, lo que significó toda una proeza y más aún para una novena que en el año anterior no había podido pasar de la primera ronda.[138] Por último y más sobresaliente de esas tres temporadas de ensueños está en la campaña 81-82, donde los Leones del Caracas, no solo aplastaron a los Cardenales de Lara en la final por tercera temporada en fila sino que con ese mismo ímpetu fueron a Hermosillo donde, con un registro de cinco victorias por apenas un revés, los Leones de Venezuela obtuvieron su primer campeonato del Caribe y el tercero del país. Para más emoción, el fabuloso careta caraquista Baudilio Díaz fue el más valioso del torneo internacional. Con estos tres títulos en fila, los Leones del Caracas igualaban la marca de más títulos consecutivos implantado por los Industriales del Valencia 20 años antes.

Si bien en esas tres campañas los Leones demostraron ser los legítimos reyes, los Navegantes del Magallanes comenzaron a caer en una de las crisis más grandes de su transitar por la pelota rentada. El punto más álgido de la debacle marina fue en la campaña 80-81, en donde tuvieron un lamentable registro de 16 victorias por 44 reveses. En la dura década de los 80, la fanaticada magallanera tuvo que demostrar su lealtad con la divisa, ya que la crisis los llevó a pasar 15 años sin obtener el campeonato.

---

138 Siendo récord  para la LVBP para ese momento.

En los dos últimos títulos obtenidos en forma consecutiva ante el mismo rival, Cardenales de Lara, los Leones del Caracas habían clasificado a los play off en el último puesto. Pero como a la ironía en ocasiones también le gusta jugar béisbol, los melenudos que fueron demoledores en la temporada regular 82-83 clasificándose en el lugar de vanguardia fueron sorprendidos en la final por unos inspirados Tiburones de La Guaira, quienes amparados en su juventud criolla silenciaron al león.

En la 83-84, los Leones del Caracas de manera sorpresiva quedaban fuera de los cuatro clasificados luego de llegar a la final en cuatro años seguidos y ganar tres gallardetes en fila. Por otra parte, un renovado Magallanes empezaba a dar los primeros pasos de recuperación al forzar un juego extra ante los Tigres de Aragua para obtener el último puesto de la clasificación. Los turcos derrotaron a los felinos con marcador de 7 anotaciones por 4, para de este modo clasificar a los play off por primera vez desde el torneo 78-79. Aunque el Magallanes fue dejado en el camino por las Águilas del Zulia[139], la fanaticada fue viendo poco a poco el renacer de la senda victoriosa de los filibusteros.

La 84-85 no trajo ningún tipo de mejoras para los Leones del Caracas quienes quedaron nuevamente fuera de la clasificación con tan solo 25 victorias, igual registro al obtenido en la zafra anterior. Por su parte el Magallanes pasó a segunda ronda donde fueron liquidados por los Tigres en cinco encuentros. La mayor satisfacción del lado turco provino del joven lanzador veinteañero Omar Bencomo, quien en la segunda jornada de la temporada regular pichó un juego ante los Tiburones en el que solo permitió un hit. A la postre Bencomo sería el ganador del Premio Novato del Año[140] otorgado por la Liga de Béisbol Profesional.

---

139 Equipo que a la postre sería el campeón no solo del torneo local, si no de la Serie del Caribe, siendo esta la cuarta ocasión en que Venezuela lo conseguía y primera para los rapaces que solo perdieron un juego en la competición.

140 Aquí, prefiero hacer un alto para decir que dicho galardón, se otorga a los jugadores novatos venezolanos más destacados de cada temporada. El premio Novato del Año se entrega desde 1946 cuando, vistiendo la camisa del Cervecería Caracas lo ganó Alfonso "Chico" Carrasquel y, en la actualidad arroja los siguientes resultados entre, jugadores del Cervecería Caracas, Leones del Caracas Navegantes del Magallanes y Oriente:

·Cervecería Caracas: 4

·Oriente: 2

·Leones del Caracas: 8

·Magallanes: 12

En la 85-86 tanto melenudos como marinos jugaron una pelota de calidad, hasta el punto de estar luchando con Lara el lugar de vanguardia que en definitiva alcanzarían los magallaneros. Por parte del Magallanes el importado Joe Orsulak, quien venía por tercera campaña de refuerzo, tuvo una destacada participación que lo hizo acreedor del título de campeón bate de la liga. El otro turco destacado de ese año fue el norteamericano Barry Bonds, quien jugó la primera mitad de la temporada. Para el momento que dejó al Magallanes, Bonds liderizaba el promedio de bateo.

Por su parte los melenudos tuvieron al fenomenal Andrés Galarraga, quien bateó 14 cuadrangulares, empujó 37 rayitas y anotó en 47 ocasiones, en la que fue una de las mejores campañas del "Gato"[141]en el país.

En los play off, Caracas dio cuentas de los Cardenales, mientras que en la otra llave, sorpresivamente, los Tiburones de La Guaira dejaron fuera de la clasificación a los Navegantes del Magallanes. En una final, tan reñida como emotiva, los escualos en siete juegos revalidaron su título ante los melenudos.

El torneo 86-87 fue para el olvido para los turcos, puesto que quedaron en el foso con un registro de 27 ganados y 38 derrotas, incluyendo un récord negativo para los anales de 42 entradas sin anotar carreras. Solo un suspiro de alegría tuvieron los fanáticos magallaneros en ese año y fue la paliza que le dieron el 6 de diciembre de 1986 a las Águilas del Zulia. El aplastante triunfo magallanero fue con pizarra de 23 anotaciones por 0, resultado que pasaría a los récords de la liga.

Mejor suerte tuvieron los Leones del Caracas quienes apoyados en la destacada ofensiva de Andrés Galarraga se metieron en los play off junto con Tiburones, Águilas y Cardenales. En definitiva se repitió la final de la temporada anterior, con la diferencia de que en esa oportunidad los Leones resultaron infranqueables para los escualos. No solo fueron barridos en cuatro encuentros sino que en el último juego, el día 24 de enero de 1987, el lanzador Urbano Lugo hijo realizó una hazaña inédita en la historia de nuestro béisbol: lanzó el que hasta ahora es el único juego sin hit ni carreras

---

141 Apodo con el que se conoce a Andrés Galarraga en el mundo del béisbol.

de una ronda final. Nunca imaginó ni el más fiel de los fanáticos de lo que sería capaz de hacer el gran serpentinero criollo. Desde la primera entrada Lugo sacó out tras out sin que la furiosa toletería de los Tiburones pudiera hacerle daño. Así transcurrieron las entradas, en donde, a diferencia de su padre, Urbano hijo trabajó a los contrarios con lanzamientos quebrados y dictó cátedra con su fuerte recta. Al llegar a la novena entrada y luego de retirar a los dos primeros hombres, el turno de la noche llegó en el bate de Oswaldo Guillén, quien con un rodado abría las puertas para la mayor celebración de un campeonato obtenido por los melenudos. Es muy difícil saber lo que se celebraba, si el doceavo título caraquista o la joya inolvidable de Urbano Lugo. Como datos curiosos para la posteridad beisbolera, existen muchas coincidencias entre los juegos sin hit ni carreras lanzados por Urbano Lugo padre y Urbano Lugo hijo, entre ellas figuran: ambos usaban el mismo número en su espalda, el 8, los juegos fueron ante el mismo rival, Tiburones de La Guaira en el Parque de la Ciudad Universitaria y, por último los lanzamientos de ambos serpentineros fueron recibidos por el mismo catcher, Baudilio Díaz. Para cerrar esta magistral hazaña vale la pena citar a la afamada periodista Mari Montes: *Hijo de gato caza tiburón.*

La 87-88 comenzó muy bien para Los Eléctricos, quienes iniciaron la temporada ganando sus primeros siete compromisos. Lo único que los separó de clasificar de primeros al play off[142] fueron los Cardenales de Lara quienes contaban entre sus filas con Cecil Fielder, el mejor bateador del circuito en el campeonato. Del otro lado de la rivalidad, los Leones del Caracas amparados en la defensa de un fenomenal Omar Vizquel y en el bateo de Antonio Armas, Andrés Galarraga y Óscar Azócar no tuvieron problemas para clasificar a la final ante los Tigres de Aragua. En ese duelo de felinos los inspirados Leones del Caracas dieron cuenta en seis encuentros de su rival para revalidar su título una vez más.

El campeonato 88-89 fue nuevamente de muchos problemas para los Navegantes del Magallanes, quienes no solo tuvieron el peor average de bateo colectivo de la liga, 229 sino que también quedaron en el último lugar con

---

142 En esa campaña se implantó el sistema actual de todos contra todos en la segunda ronda. Donde todos los equipos tienen un total 16 juegos (4 con cada club), para de este modo tener a los 2 finalistas.

un pobre registro de 23 y 37. Pero si de algún equipo hay que hablar en este certamen es nuevamente de los Leones del Caracas quienes se repusieron ante las adversidades y establecieron una marca de 18 juegos ganados de forma consecutiva. Cuando terminó la primera mitad de la temporada los melenudos marchaban en el sótano con delicado balance de 7 y 21. No obstante, la garra de un conjunto acostumbrado a darle motivos para celebrar a su ferviente fanaticada, hilvanó desde el 15 de noviembre hasta el 8 de diciembre una racha ganadora sin precedentes en la pelota venezolana con las referidas 18 victorias. Las alegrías de los caraquistas se quedarían solo en ese récord, ya que pese a sus grandes esfuerzos y de su clasificación las Águilas del Zulia los eliminaron en juego extra. Las Águilas, quienes ganaron la final a los Tigres de Aragua, también se titularon campeones de la Serie del Caribe.

La 89-90 comenzó de muy buena manera para los dos colosos de la pelota nacional. Los Navegantes del Magallanes, luego de sufrir numerosas transacciones con el objeto de navegar en rutas victoriosas, clasificaron en primer lugar empatados con los Cardenales de Lara. Luego sobrevino el descalabro en el todos contra todos, en donde solo lograron obtener una victoria por once reveses, con lo que una vez más quedaron fuera de la final.

Los Leones del Caracas sin ningún problema, y sustentándose en la misma base criolla de las dos últimas temporadas, pasaron a segunda ronda y posteriormente a la final, que nuevamente sería contra los Cardenales de Lara. Careciendo de contratiempos, los melenudos vencieron a los crepusculares[143], para seguir afianzándose como el club con más títulos en la historia de la pelota venezolana, sumando 20 gallardetes en la actualidad.

### Años noventa: la liga crece y los rivales van a su primera final

En la 90-91 nuevamente los rivales comenzaron con gran desempeño, ya que sin mayores contratiempos clasificaron a la post temporada. Tres noticias marcaron esta temporada para los eternos rivales: la primera de ellas, no solo afectaría a los Leones del Caracas sino que enlutaría al béisbol venezolano; el

---

143 Crepusculares es la denominación por excelencia de todo aquello que pertenece al estado Lara.

23 de noviembre de 1990 muere en un trágico accidente el estelar receptor venezolano Baudilio Díaz[144]. La otra noticia para recordar en esta zafra fue la obtención del Premio Novato del Año para el joven lanzador magallanero Juan Francisco Castillo. Por último, luego de muchos esfuerzos y cuatro intentos fallidos, los Cardenales de Lara pudieron tomar revancha ante los melenudos al someterlos en la final.

En el campeonato 91-92 se encuentra como principal acontecimiento para destacar la nueva expansión. Se crearon los clubes Caribes de Oriente y Petroleros de Cabimas[145]. En este punto es necesario hacer un alto para destacar lo importante que resultó para la organización de los siguientes torneos de la LVBP contar con dos nuevos equipos en el torneo. A partir de esto la Liga resuelve crear dos divisiones: Centro Oriental y Centro Occidental. La Liga junto con los dueños de equipos acordó que los conjuntos pertenecientes a la misma división se enfrentarían entre sí dos juegos más que con los de la otra división[146]. Hasta este punto todo estaba claro, no obstante, al momento de dividir las dos partes de la Liga se tomó como criterio la ubicación geográfica, por lo que, Caracas y Magallanes quedaron separados. Las divisiones propuestas por algunos cronistas colocaban a Tigres, Tiburones, Leones y Caribes en la división Centro Oriental y a Magallanes, Lara, Zulia y Cabimas en la división Centro Occidental. Tanto los representantes del Magallanes como los de Leones del Caracas protestaron esta división, esgrimiendo que las dos novenas se enfrentarían dos ocasiones menos. Como resultado final de esta querella la pasión y los dividendos económicos que de esta se desprenden pudieron más que la delimitación geográfica del país. Aquí se puede ver otro medidor de la pasión y la rivalidad que existe entre los eternos rivales que no solo invade los parques de pelota y los corazones de los seguidores sino el interés económico[147].

---

144 Junto con el deceso de Isaías "Látigo" Chávez en 1969, ha sido dos de los peloteros pertenecientes a los dos grandes rivales que más han llenado de duelo las páginas de esta rivalidad.

145 Con este crecimiento de la liga de 6 a 8 clubes, se crean dos divisiones: la Centro oriental con Leones, Navegantes, Tiburones y Caribes. Y la Centro occidental con Águilas, Tigres, Cardenales y Petroleros.

146 Contra los equipos de la misma división se enfrentarían en 10 ocasiones, mientras que con la otra división se verían las caras en 8 oportunidades.

147 Ese formato se mantuvo hasta la temporada 2007 – 2008, en donde se volvió al formato de todos contra todos.

Otro hecho importante de este torneo fue sin lugar a dudas el retiro como jugador activo del gran slugger[148] venezolano Antonio Armas. No obstante, y de nuevo con la ironía como destacada, Armas no se retiró con los Leones del Caracas el conjunto con  el que escribió grandes páginas de su historia deportiva[149]. Uno de los más grandes representantes de la década de oro de los melenudos, puso fin a su carrera como pelotero profesional vistiendo la camisa de los nacientes Caribes de Oriente.

Los fanáticos magallaneros, a pesar de que su equipo se quedó en el camino en el todos contra todos de esa zafra 91 - 92, tenían motivos suficientes para alegrarse porque por un lado los Leones del Caracas no pudieron pasar a segunda ronda; y luego porque por segundo año consecutivo un joven magallanero, en esta ocasión Eddy Díaz, se hacía con el prestigioso premio de Novato del año. Y por último y más esperanzador para los magallaneros se evidenciaba que el club bucanero estaba fortaleciendo su base de criollos. En el lado caraquista las expectativas no eran distintas, puesto que se estaba conformando un club con una mezcla extraordinaria de juventud con veteranía, con lo que se podía soslayar en buena medida el desliz presentado por los melenudos en esa campaña.

En la 92-93 una vez más los eternos rivales se hicieron dueños del espectáculo, al menos para el caso de la división Centro Oriental. Los melenudos no soltaron el primer lugar de la división desde el inicio de la campaña y los Bucaneros, después de un terrible comienzo, llegaron a tener un registro de 6 victorias por 14 derrotas. Fue entonces cuando  se uniformó con los turcos Carlos García, un joven tachirense[150] que había perdido la zafra anterior por una lesión, pero que en las ligas menores había dejado importantes números. Desde el arribo de García a la novena el Magallanes tuvo una racha de 11 juegos ganados que lo llevaron del último puesto al segundo de la tabla, lugar que no perderían en el torneo. Debido a ese empuje que le imprimió García al club fue que en lo sucesivo se le conoció bajo el apodo del "Almirante"

---

148 Con esta denominación se designa a un gran bateador de cuadrangulares y remolcador de carreras.

149 Pero sí puso fin a su carrera ante los melenudos, cuando, en calidad de emergente conectó un soberbio vuela cercas para irse por la puerta grande del béisbol venezolano.

150 Nació en San Cristóbal pero creció y se formó en Guayana.

El todos contra todos se inició con un Magallanes arrollador que solo tuvo en los Leones y Águilas rivales de la misma talla. A la postre las Águilas detuvieron el sueño de campeonato de los turcos, al barrerlos en cuatro encuentros en la final. No obstante ya las bases de un conjunto ganador se habían echado para los turcos y, si la década de los 80 fue la de oro de los Leones del Caracas, la generación del Magallanes de los 90 es una de las más recordadas tanto por sus fanáticos como para los cronistas deportivos.

De este modo se arriba a la última temporada correspondiente al período estudiado en este volumen, torneo que quedó marcado en la memoria de todos los que la vivimos. Sin lugar a dudas fue una zafra de récord en el que se pueden mencionar: los 23 dobles de Adrián Jordán, cifra máxima en la liga venezolana; el empate en tope negativo de la liga por parte del lanzador derecho de los Tiburones de La Guaira Frank Campos al perder en siete desafíos sin conocer victoria; el lanzador Juan Carlos Pulido del Magallanes impuso una nueva cifra récord al obtener 11 victorias; los 19 rescates de Jon Hudeck a tan solo uno de la cifra récord para una temporada[151].

En el aspecto ofensivo se destaca el descomunal bateo de Luis Raven, tercer novato del año en forma consecutivo aportado por los turcos, quien tuvo promedio de 345 y conectó siete cuadrangulares, para ser esta también una marca tope para un novato para el momento. Otro tanto hay que decir del desempeño defensivo de Omar "Manos de Seda" Vizquel, quien deslumbró a propios y ajenos con sus magistrales intervenciones defensivas, las cuales le llevaron a obtener un contrato en Grandes Ligas con los Indios de Cleveland[152]. Otro melenudo destacado fue el criollo Roberto Petaguine.

Al término del torneo regular los Leones del Caracas clasificaron de primeros de la Centro Oriental, seguidos por los Navegantes del

---

151 Porfirio Altamirano jugando para las Águilas del Zulia en la campaña 1983-1984 logró la hazaña, que se mantuvo vigente hasta que, Santos Hernández lograra 21 juegos salvados con el Pastora de los Llanos, en la temporada 1997-1998, siendo este el récord de la liga, hasta que, en la temporada 2015-2016, Hassan Pena derribara ese registro con 23 rescates vistiendo la camisa del Magallanes.

152 Fue el conjunto en donde brilló más, aunque es necesario aclarar que su debut fue con los Marineros de Seattle en la campaña de 1989.

Magallanes. Si los Leones del Caracas clasificaron de primeros en la campaña regular, los turcos le devolvieron el favor en la segunda instancia al ocupar el sitial de honor.

Nunca se había visto en la historia de la pelota venezolana tanta compenetración de los fanáticos caraquistas y magallaneros con sus clubes, así como los altos niveles de rivalidad. Toda esta pasión desbordada por los fanáticos fue premiada al darse el cruce tan ansiado por los fanáticos en la final que mediría a los eternos rivales por primera vez[153].

## Caracas- Magallanes: la guerra de los siete días

Luego de tantos años de sequía ganadora, así como de algunas finales infructuosas, los Navegantes del Magallanes se encuentran por primera vez en la historia del béisbol venezolano en una final con su eterno rival, los Leones del Caracas[154], quienes además de tener unas décadas de muchos logros entre los 70 y 80, presentaron un verdadero "trabuco"[155] para esa zafra 93/94. Fue un gran problema para los analistas del béisbol dar una inclinación de la balanza en esa final, sin embargo, el favoritismo se parcializó un poco hacia el bando melenudo, porque tenía un conjunto muy bien estructurado en todos los aspectos. Aunque era relativo, puesto que en la serie particular de ese año el Magallanes la dominó con un registro de ocho ganados por cuatro victorias de los melenudos, en la temporada regular y de igual modo el Magallanes obtuvo tres victorias de cuatro encuentros contra los capitalinos en la siguiente fase, lo cual equiparaba en cierto modo los favoritismos de los cronistas, debido a que si bien es cierto que para muchos analistas los Leones del Caracas poseían el club más equilibrado de la campaña, tampoco era menos cierto que de 16 juegos

---

153 En el difícil esfuerzo por medir la aseveración de la mayor fuerza de pasión entre caraquistas y magallaneros en esa campaña 93/94, en comparación con las anteriores se puede ver que en las estadísticas de asistencia a los parques arrojaron un promedio de 18.000 espectadores por juego, dejando atrás todas las marcas anteriores.

154 Gran parte de la reconstrucción de los encuentros de esta final se han hecho a partir de las trasmisiones del canal de televisión Venevision.

155 Comúnmente se le dice trabuco a un club que está muy bien estructurado.

efectuados entre los eternos rivales en esa temporada, contando primera y segunda ronda, el Magallanes había ganado 11 y los Leones 5, con lo cual se demostraba una superioridad relativa del Magallanes.

La expectativa y la pasión de los fanáticos en las calles era total y además era aderezada por los medios de comunicación. El diario El Nacional del 21 de enero de 1994 dedicó todo un suplemento a la rivalidad Caracas-Magallanes con caricaturas muy pintorescas donde se retrataba el ambiente de pasión beisbolera que había en el país. Por su parte, la planta televisiva Venevisión también añadió sus gotas de picante al acontecimiento con la difusión de micros donde aparecían jugadores de ambas novenas hablando de lo que significaba para ellos esa final de finales; esos micros iniciaban y terminaban con un fondo negro en donde se superponían y fusionaban los logos de las dos novenas.

Los Leones del Caracas tenían como principales atributos la velocidad y el picheo, mientras que los Navegantes del Magallanes contaban con la toletería más explosiva del circuito en esa temporada. Sin embargo, las predicciones de la mayor parte de los medios de comunicación estaban de acuerdo en que sería una final que no se decidiría en cuatro encuentros y en la que el picheo estaría por encima del bateo.

### Primera batalla: Venezuela se paraliza

La guerra de los siete días[156] tuvo su inicio el día sábado 22 de enero en la ciudad de Valencia ante un lleno espectacular para ver la primera función de ese mítico choque. Ambos clubes colocaron en la lomita a dos cartas claves de su picheo. Por los capitalinos inició el joven lanzador Ugueth Urbina, mientras que por los de casa las serpentinas[157] fueron llevadas por Jason Grimsley, uno de los importados más destacados del todos contra todos. Desde el lado de la formación defensiva y ofensiva los eternos rivales contaron con:

---

156 Este fue el nombre con el cual los medios de comunicación dejaron para la posteridad a la primera final Caracas Magallanes. Haciendo clara alusión a la rivalidad de las dos novenas y al tiempo de duración del "conflicto".

157 Las serpentinas o el serpentinero, es como se le nombra en el argot beisbolero a la figura del lanzador.

## Leones del Caracas

|      | Jugador           | Posición |
|------|-------------------|----------|
| 1.   | Roger Cedeño      | LF       |
| 2.   | Omar Vizquel      | SS       |
| 3.   | Bob Abreu         | RF       |
| 4.   | Jesús Alfaro      | 3B       |
| 5.   | Roberto Petaguine | 1B       |
| 6.   | Edgar Cáceres     | 2B       |
| 7.   | Greg Briley       | BD       |
| 8.   | Jorge Uribe       | CF       |
| 9.   | Tim Spehr         | C        |
| 10.  | Ugeth Urbina      | P        |

## Navegantes del Magallanes

|      | Jugador           | Posición |
|------|-------------------|----------|
| 1.   | Brían Hunter      | CF       |
| 2.   | Álvaro Espinoza   | SS       |
| 3.   | Carlos García     | 2B       |
| 4.   | Óscar Azócar      | BD       |
| 5.   | Luis Raven        | LF       |
| 6.   | Andrés Espinoza   | 1B       |
| 7.   | Chris Hatcher     | RF       |
| 8.   | Edgar Naveda      | 3B       |
| 9.   | Clemente Álvarez  | C        |
| 10.  | Jason Grimsley    | P        |

En la misma primera entrada los Leones del Caracas anotaron un par de carreras, apoyados en un trío de hits y un error de Carlos García. Los turcos descontaron en el cierre de la segunda entrada con cuadrangular en solitario de Chris Hatcher. Para la tercera  entrada, los capitalinos recuperaron la ventaja al anotar una rayita más gracias a un doble de Bob Abreu para ponerse a ganar 3 carreras por 1. En la parte final de esa tercera entrada, un costoso error del "Chino" Cáceres, quizá producto de la presión del juego, repercute en la remontada magallanera quienes empataron las acciones y sacaron del juego al joven Urbina para dar paso al experimentado Urbano Lugo.

En la quinta entrada se combinó un doble y un par de errores del "Almirante" García y el "Primo" Naveda para abrir las compuertas caraquistas quienes hicieron un total de 3 carreras. Al final de la sexta entrada, los turcos descontarían en el marcador con una rayita para poner el juego nuevamente ajustado con un marcador de 6 – 4. En esa misma entrada, luego de un ponche a Azócar con tres en las bases y dos outs, de nuevo la pasión se desbordó en el campo al presentarse una escaramuza entre Carlos García, José Centeno y Omar Vizquel, que por poco  pasó a mayores, lo cual demostró la presión que existía en el ambiente ya que tanto Vizquel como García siempre se caracterizaron por ser jugadores muy tranquilos en el campo.

Para la octava entrada los capitalinos ampliarían la ventaja con una nueva rayita, que colocaría pizarra definitiva de 7 a 4 al encuentro. Con esto los Leones picaban adelante en la serie final y además jugando de visitante.

El diario El Nacional publicó en su primera plana al día siguiente una fotografía de las calles solitarias en la ciudad de Caracas, ya que la mayoría de sus habitantes, así como de casi todas las ciudades, se encontraban viendo el encuentro de esa final que paralizó al país. Esto se sustenta en el alto índice de audiencia que obtuvo Venevisión en ese espacio correspondiente al encuentro, así como en los seis subsiguientes.

## Primer juego Box Score[158]

| Caracas | Vb | C | H | CI |
|---|---|---|---|---|
| Roger Cedeño LF | 4 | 3 | 1 | 0 |
| Omar Vizquel SS | 3 | 1 | 1 | 0 |
| Bob Abreu RF | 5 | 0 | 3 | 2 |
| Jesús Alfaro 3B | 4 | 1 | 1 | 1 |
| Henry Blanco 3B (1) | 0 | 0 | 0 | 0 |
| Roberto Petagine 1B | 4 | 0 | 1 | 0 |
| Edgar Cáceres 2B | 4 | 1 | 1 | 0 |
| Greg Briley BD | 4 | 0 | 1 | 0 |
| Jorge Uribe CF | 5 | 0 | 2 | 1 |
| Tim Spehr C | 4 | 1 | 2 | 0 |
| **Totales** | 37 | 7 | 13 | 4 |

(1) Entró por Alfaro en el octavo ininng

| Magallanes | Vb | C | H | CI |
|---|---|---|---|---|
| Brian Hunter CF | 5 | 0 | 1 | 0 |
| Álvaro Espinoza SS | 5 | 1 | 1 | 0 |
| Carlos García 2B | 3 | 1 | 1 | 0 |
| Oscar Azócar Bd | 4 | 0 | 0 | 0 |
| Luis Raven LF | 4 | 0 | 2 | 2 |
| Andrés Espinoza 1B | 4 | 0 | 0 | 0 |
| Edgar Naveda 3B | 4 | 0 | 0 | 0 |
| Chris Hatcher RF | 3 | 2 | 2 | 1 |
| Clemente Álvarez C | 4 | 0 | 1 | 1 |
| **Totales** | 36 | 4 | 8 | 4 |

---

158 Los Box Score de los siete juegos de la final 93-94 fueron tomados del diario deportivo venezolano *Meridiano*.

## Anotaciones por entradas

| | 1 | 2 | 3 | 4 | 5 | 6 | 7 | 8 | 9 | Final | | |
|---|---|---|---|---|---|---|---|---|---|---|---|---|
| | | | | | | | | | | C | H | E |
| Caracas | 2 | 0 | 1 | 0 | 3 | 0 | 0 | 1 | 0 | 7 | 13 | 1 |
| Magallanes | 0 | 1 | 2 | 0 | 0 | 1 | 0 | 0 | 0 | 4 | 8 | 4 |

**Ganó**: Urbano Lugo
**Perdió**: Jason Grimsley
**Salvó**: Don Strange

**Sumario**

**Home run**: Alfaro
**Dobles**: Hatcher, Abreu
**Triples**: Raven, Cáceres
**Base robada**: Cedeño
**Out robando**: Abreu
**Sacrificios**: Cedeño, Vizquel (2), Petagine
**Dejados en base**: Caracas 10, Magallanes 9
Jugado en el estadio José Bernardo Pérez de Valencia
**Tiempo**: 3 horas 15 minutos
**Fecha**: 22 de enero de 1994 (diurno-nocturno)

## Segunda batalla: segundo zarpazo

El domingo 23 los capitalinos colocaron en la lomita al lanzador Kip Gross; y el Magallanes puso en el montículo a Juan Carlos Pulido, su lanzador zurdo estelar.

Leones del Caracas

|  | Jugador | Posición |
|---|---|---|
| 1. | Roger Cedeño | LF |
| 2. | Omar Vizquel | SS |
| 3. | Bob Abreu | RF |
| 4. | Jesús Alfaro | 1B |
| 5. | Edgar Alfonzo | 2B |
| 6. | Greg Briley | BD |
| 7. | Jorge Uribe | CF |
| 8. | Tim Spehr | C |
| 9. | Henry Blanco | 3B |
| 10. | Kip Gross | P |

Navegantes del Magallanes

|  | Jugador | Posición |
|---|---|---|
| 1. | Brían Hunter | CF |
| 2. | Álvaro Espinoza | SS |
| 3. | Carlos García | 2B |
| 4. | Oscar Azócar | BD |
| 5. | Luis Raven | LF |
| 6. | Andrés Espinoza | 1B |
| 7. | Chris Hatcher | RF |
| 8. | Edgar Naveda | 3B |
| 9. | Clemente Álvarez | C |
| 10. | Juan Carlos Pulido | P |

Desde el inicio el jugo fue muy movido ya que los Leones del Caracas apoyados en sencillo de Vizquel y triple de Abreu le dieron la primera anotación al encuentro. Los daños no fueron mayores para el Magallanes porque Álvaro Espinoza realizó una brillante jugada de doble play. En el cierre de esa primera entrada, luego de dos outs, hits del "Almirante" García y de Oscar Azócar junto a un error de Jorge Uribe darían el empate al marcador.

La pizarra volvió a moverse en la tercera entrada cuando los Leones se fueron arriba con una rayita que colocaba el juego 2 a 1 a favor de los capitalinos. Nuevamente el juego agresivo de la furia caraquista tuvo dividendos en la cuarta entrada y aumentó la ventaja a 3 por 1. En la sexta entrada, la toletería turca sale del letargo en el que los tenía sumido la soberbia actuación del lanzador caraquista Gross y descuenta la ventaja anotando una rayita para dejar el encuentro 3 carreras por 2.

En la entrada siguiente los capitalinos atacaron con tres hombres en base y un out, pero un doble play evitó que se expandiera el score. Sin embargo, la aguerrida ofensiva de los Leones toma venganza en el inicio de la novena entrada y marca la rayita decisiva luego de dos outs. Magallanes intentó recuperarse en su última oportunidad ofensiva y en una polémica jugada en la inicial el "Almirante" García es decretado out, quien posteriormente fue expulsado del encuentro por reclamar de manera airada al umpire. De igual modo el público comenzó a lanzar objetos contundentes al terreno de juego, lo cual repercutió en que se retardaran un poco las acciones y se caldearan los ánimos en lo que quedó de ese juego y los subsiguientes. Luis Raven, luego de dos outs, conectó un cuadrangular pero aún así el Magallanes no pudo revertir el resultado. La segunda victoria de los Leones del Caracas en la serie final tuvo pizarra definitiva de 4 carreras por 3. Fue el segundo zarpazo de los Leones en el estadio José Bernardo Pérez de Valencia. Los próximos tres encuentros tendrían por sede al Estadio Universitario de la ciudad de Caracas.

## Segundo juego Box Score

| Caracas | Vb | C | H | CI |
|---|---|---|---|---|
| Roger Cedeño LF | 5 | 0 | 2 | 0 |
| Omar Vizquel SS | 3 | 1 | 1 | 0 |
| Bob Abreu RF | 4 | 0 | 2 | 1 |
| Jesús Alfaro 1B | 3 | 1 | 1 | 0 |
| Roberto Petagine BE-1b (1) | 1 | 0 | 1 | 0 |
| Edgar Alfonso 2B | 2 | 0 | 0 | 0 |
| Edgar Cáceres BE-2b (2) | 1 | 0 | 0 | 0 |
| Greg Briley BD | 3 | 0 | 1 | 0 |
| Jorge Uribe CF | 4 | 0 | 1 | 1 |
| Tim Spehr C | 4 | 2 | 2 | 0 |
| Henry Blanco 3B | 3 | 0 | 2 | 1 |
| **Totales** | 33 | 4 | 13 | 3 |

(1) Hit al rigthfield por Alfaro en el 8°
(2) Dobleplay por Cáceres en el 8°

| Magallanes | Vb | C | H | CI |
|---|---|---|---|---|
| Brian Hunter CF | 4 | 0 | 2 | 0 |
| Álvaro Espinoza SS | 4 | 1 | 1 | 1 |
| Carlos García 2B | 4 | 1 | 2 | 0 |
| Oscar Azócar BD | 4 | 0 | 2 | 0 |
| Luis Raven LF | 4 | 1 | 1 | 1 |
| Andrés Espinoza 1B | 4 | 0 | 0 | 0 |
| Chris Hatcher RF | 3 | 0 | 1 | 0 |
| Edgar Naveda 3B | 3 | 0 | 0 | 0 |
| Clemente Álvarez C | 2 | 0 | 0 | 0 |
| Raúl Marcano BE (1) | 1 | 0 | 0 | 0 |
| **Totales** | 33 | 3 | 9 | 2 |

(1) Rolling a segunda por Álvarez en el 8°

|  | 1 | 2 | 3 | 4 | 5 | 6 | 7 | 8 | 9 | Final | | |
|---|---|---|---|---|---|---|---|---|---|---|---|---|
|  |  |  |  |  |  |  |  |  |  | C | H | E |
| Caracas | 1 | 0 | 1 | 1 | 0 | 0 | 0 | 0 | 1 | 4 | 13 | 1 |
| Magallanes | 1 | 0 | 0 | 0 | 0 | 1 | 0 | 0 | 1 | 3 | 9 | 1 |

**Ganó:** Kip Gross (1-0)
**Perdió:** Pulido (0-1)
**Salvó:** Clark (2)

**Sumario**

**Home run:** Raven
**Doblete:** Alfaro, Blanco
**Triples:** Abreu, Spehr
**Sorprendido:** Hunter
**Dobleplays:** Caracas (Alfaro) Magallanes (Álvaro Espinoza-García, García-Andrés Espinoza, Álvaro Espinoza-García-Andrés Espinoza.
**Sacrificios:** Vizquel
**Dejados en base:** Caracas (8) Magallanes (3)
Jugado en el Estadio José Bernardo Pérez de Valencia
**Tiempo:** 2 horas, 50 minutos
**Fecha:** 23 de enero de 1994 (diurno-nocturno)


**Tercera batalla: derrotada la estadística**

Luego de un receso de dos días, la final soñada abre sus telones al tercer acto el miércoles 26 pero no sin antes tener un ambiente totalmente caldeado de pasión y rivalidad entre los fanáticos, quienes ansiosos esperaban a ver qué deparaba la continuación de la serie que sorpresivamente tenía a los Leones del Caracas con dos victorias en calidad de visitante y con todo a favor para llevarse el título en su cueva.

Por el club visitante en la lomita estaría el importado Donny Wall. De igual modo los pocos resultados obtenidos en casa por los turcos obligaron a su estratega Tim Tolman a realizar cambios en la alineación, reorganizándola de la siguiente manera:

Navegantes del Magallanes

|  | Jugador | Posición |
|---|---|---|
| 1. | Raúl Marcano | BD |
| 2. | Brían Hunter | CF |
| 3. | Carlos García | 2B |
| 4. | Óscar Azócar | 1B |
| 5. | Luis Raven | LF |
| 6. | Álvaro Espinoza | SS |
| 7. | Chris Hatcher | RF |
| 8. | Eddy Díaz | 3B |
| 9. | Clemente Álvarez | C |
| 10. | Donny Wall | P |

Leones del Caracas

|  | Jugador | Posición |
|---|---|---|
| 1. | Roger Cedeño | LF |
| 2. | Omar Vizquel | SS |
| 3. | Bob Abreu | RF |
| 4. | Jesús Alfaro | 3B |
| 5. | Roberto Petaguine | 1B |
| 6. | Jesús Cáceres | 2B |
| 7. | Greg Briley | BD |
| 8. | Jorge Uribe | CF |
| 9. | Tim Spehr | C |
| 10. | Brat Colman | P |

Los cambios de la alineación turca estaban más enfocados a buscar una mejora defensiva, sobre todo hacia las esquinas del campo, que fueron posiciones que trajeron complicaciones en los dos primeros encuentros. Por su parte los Leones del Caracas tenían en el montículo a Brat Colman y a la ofensiva se pararon con:

Para el momento de esa final ningún equipo que haya comenzado perdiendo los dos primeros encuentros de una serie final en su casa se había podido titular campeón. Esta situación se había presentado en siete ocasiones antes de esa final del año 1994 dejando un saldo de: en cinco oportunidades una barrida en los cuatro encuentros y en las dos otras ocasiones el equipo que perdió los dos primeros encuentros solo en una oportunidad había logrado obtener la victoria. Es decir que la tropa magallanera tenía la historia y la estadística jugando en su contra, pero a la hora de la chiquita, ninguna de estas dos lanza, batea, ataja, ni corre; en el campo es donde se mide a los grandes.

La pizarra se abrió en la tercera entrada apoyado en doble de Díaz y un sencillo de Hunter, para empujar una rayita, con lo que, por primera vez en la serie final los Leones del Caracas se encontraban perdiendo un juego, hasta el momento nunca había estado atrás en el marcador. La racha magallanera continuó en la cuarta entrada. El doble de Espinoza, boleto a Hatcher, sencillos de Álvarez y Marcano y error de Abreu se combinaron para hacer tres anotaciones que colocaron el marcador 4 a 0.

En el final del quinto capítulo el equipo de casa descontó con una rayita a pesar de tener las bases llenas y solo un out, pero los buenos picheos de Wall y una fenomenal atrapada en el campo corto por parte de Espinoza dejaron el marcador en 4 por 1.

En la séptima entrada, los Bucaneros ampliaron la ventaja en la pizarra dejando un total de dos rayitas producto de hit del "Almirante" García, error del lanzador Urbano Lugo, doble de Oscar Azócar y sencillo de Álvaro Espinoza. Eddy Díaz se encargaría de colocar el marcador 7 a 1 en el octavo capítulo conectando un cuadrangular por el jardín izquierdo. En la novena entrada el Caracas descontaría con una carrera, con hit de Cáceres y error de Melvin Mora. Con esto la serie se colocaba dos juegos por uno a favor de los Leones del Caracas y con la pasión desbordada en la ciudad capital.

132

## Tercer juego Box Score

| Magallanes | Vb | C | H | CI |
|---|---|---|---|---|
| Raúl Marcano BD | 5 | 0 | 3 | 1 |
| Brian Hunter CF | 3 | 0 | 2 | 1 |
| Carlos García 2B | 5 | 1 | 2 | 0 |
| Oscar Azócar 1B | 5 | 1 | 1 | 1 |
| Luis Raven LF | 5 | 0 | 0 | 0 |
| Álvaro Espinoza SS | 4 | 1 | 2 | 1 |
| Chris Hatcher RF | 2 | 1 | 0 | 0 |
| Eddy Díaz 3B | 4 | 2 | 3 | 1 |
| Clemente Álvarez C | 3 | 1 | 1 | 1 |
| Melvin Mora RF | 0 | 0 | 0 | 0 |
| Richard Hidalgo LF | 0 | 0 | 0 | 0 |
| Totales | 36 | 7 | 14 | 6 |

| Caracas | Vb | C | H | CI |
|---|---|---|---|---|
| Roger Cedeño LF | 4 | 0 | 1 | 0 |
| Omar Vizquel SS | 2 | 0 | 0 | 0 |
| Bob Abreu RF | 4 | 0 | 1 | 0 |
| Jesús Alfaro 3B | 4 | 0 | 0 | 0 |
| Roberto Petagine 1B | 4 | 0 | 1 | 0 |
| Edgar Cáceres 2B | 3 | 1 | 1 | 0 |
| Greg Briley BD | 3 | 0 | 0 | 0 |
| Jorge Uribe CF | 4 | 1 | 2 | 0 |
| Tim Spehr C | 4 | 0 | 1 | 0 |
| Edgar Alfonzo BE | 1 | 0 | 0 | 1 |
| Totales | 33 | 2 | 7 | 1 |

| | 1 | 2 | 3 | 4 | 5 | 6 | 7 | 8 | 9 | Final | | |
|---|---|---|---|---|---|---|---|---|---|---|---|---|
| | | | | | | | | | | **C** | **H** | **E** |
| **Magallanes** | 0 | 0 | 1 | 3 | 0 | 0 | 2 | 1 | 0 | 7 | 14 | 1 |
| **Caracas** | 0 | 0 | 0 | 0 | 1 | 0 | 0 | 0 | 1 | 2 | 7 | 3 |

**Sumario**

**Dobles:** Petagine, Díaz, Espinoza, Azócar, Uribe
**Home run:** Díaz (Strauss)
**Dobleplay:** Vizquel-Cáceres-Petagine (64-43)
**Wild pitch:** Wall
**Base robada:** Marcano
**Tiempo de juego:** 3 horas y 54 minutos
Jugado en el Estadio Universitario de Caracas (Nocturno)
Caracas 26 de enero de 1994

**Cuarta batalla: se empata la serie**

El cuarto encuentro tuvo lugar el 27 de enero. Se repetía el duelo de pitcheo del primer juego: por los melenudos abría Ugueth Urbina, mientras que por los eléctricos lo hacía Jason Grimsley. La alineación por los Navegantes del Magallanes sería exactamente la misma del tercer encuentro, afirmando de este modo una máxima del béisbol según la cual una alineación ganadora no se cambia.

Desde el lado magallanero este cuarto juego fue muy sentido porque en la mañana de ese día había fallecido Alberto Pargús, quien fuera de la dirección técnica de los Bucaneros desde que se mudaran a la sede carabobeña. Pargús además fue presidente de la novena para el momento de la obtención de la primera Serie del Caribe.

La alineación de los Leones del Caracas fue la siguiente:

## Leones del Caracas

|  | Jugador | Posición |
|---|---|---|
| 1. | Roger Cedeño | LF |
| 2. | Omar Vizquel | SS |
| 3. | Bob Abreu | RF |
| 4. | Jesús Alfaro | BD |
| 5. | Roberto Petaguine | 1B |
| 6. | Jesús "El Chino" Cáceres | 2B |
| 7. | Jorge Uribe | CF |
| 8. | Tim Spehr | C |
| 9. | Henry Blanco | 3B |
| 10. | Ugeth Urbina | P |

## Navegantes del Magallanes

|  | Jugador | Posición |
|---|---|---|
| 1. | Raúl "Tucupita" Marcano | BD |
| 2. | Brían Hunter | CF |
| 3. | Carlos García | 2B |
| 4. | Oscar Azócar | 1B |
| 5. | Luis Raven | LF |
| 6. | Álvaro Espinoza | SS |
| 7. | Chris Hatcher | RF |
| 8. | Eddy Díaz | 3B |
| 9. | Clemente Álvarez | C |
| 10. | Jason Grimsley | P |

Luego de lo que fue una primera parte del juego dominada por completo por los lanzadores, en donde se puede destacar que hasta la cuarta entrada el pitcher Grimsley tenía juego perfecto. Sin embargo en la parte final de la quinta entrada los melenudos rompieron el celofán al anotar una rayita fabricada con un triple del Chino Cáceres.

Los melenudos estuvieron muy cerca de ampliar la ventaja en la sexta entrada, pero la intervención defensiva de Álvaro Espinoza dio por terminado ese ataque. Esa jugada pareció envalentonar a Espinoza quien en la séptima entrada, luego de un par de out y con Luis Raven corriendo en la inicial, conectó un doble que empató las acciones.

En la octava, producto de un error del Chino Cáceres con Amador Arias en circulación (quien entró como corredor emergente por Clemente Álvarez) en el segundo cojín[159], repercutió en que los turcos se fueran arriba en la pizarra con marcador de 2 por 1. En la parte final de esa octava entrada los Leones amenazaron con empatar e incluso de irse arriba en el marcador al tener tres hombres en las bases con tan solo un out, pero John Hudeck el pitcher de cierre magallanero hizo fallar con línea al jardín derecho al cuarto toletero melenudo Jesús Alfaro y en memorable turno ponchó al zurdo Roberto Petaguine para dar fin a esa entrada.

En la última entrada los melenudos intentaron la reacción con un hit de Edgar Alfonzo como emergente. Jorge Uribe falló el toque de sacrificio. Jesús "Charallave" Ríos (también en calidad de emergente) conectó hit; José "El Popi" Hernández -en igual condición- falló con elevado al jardín central con el que no se pudieron mover los hombres y por último Hudeck hizo un ponche de película, en esta ocasión a Roger Cedeño, con lo que se terminaron las acciones, decantándose la segunda victoria de los eléctricos en la serie final.

Ahora la final estaba empatada a dos encuentros, con lo que se garantizaba que la misma tendría un retorno y por ende un final en la sede de los Bucaneros, es decir que las acciones terminarían en el estadio José Bernardo Pérez de la ciudad de Valencia.

---

159 De esta manera, se conoce a la segunda base.

## Cuarto juego Box score

| Magallanes | Vb | C | H | CI |
|---|---|---|---|---|
| Raúl Marcano BD | 3 | 0 | 2 | 0 |
| Edgardo Alfonzo Be (2) | 0 | 0 | 0 | 0 |
| Álvaro Espinoza (5) | 0 | 0 | 0 | 0 |
| Brian Hunter CF | 5 | 0 | 0 | 0 |
| Carlos García 2B | 3 | 0 | 1 | 0 |
| Oscar Azócar 1B | 4 | 0 | 1 | 0 |
| Luis Raven LF | 3 | 1 | 0 | 0 |
| Richard Hidalgo LF (3) | 0 | 0 | 0 | 0 |
| Álvaro Espinoza SS | 4 | 0 | 1 | 0 |
| Chris Hatcher RF | 3 | 0 | 0 | 0 |
| Eddy Díaz 3B | 4 | 0 | 1 | 0 |
| Clemente Álvarez C | 2 | 0 | 1 | 0 |
| Amador Arias CE (1) | 0 | 1 | 0 | 0 |
| Raúl Chávez C (4) | 1 | 0 | 0 | 0 |
| Totales | 32 | 2 | 7 | 1 |

(1) Out por Spehr en el 7°
(2) Corrió por Blanco en el 8°
(3) Hit por Cáceres en el 9°
(4) Hit por Stella en el 9°
(5) Out por Cairo en el 9°

| Caracas | Vb | C | H | CI |
|---|---|---|---|---|
| Roger Cedeño LF | 3 | 0 | 0 | 0 |
| Omar Vizquel SS | 3 | 0 | 0 | 0 |
| Bob Abreu RF | 3 | 0 | 1 | 0 |
| Jesús Alfaro BD | 4 | 0 | 0 | 0 |
| Roberto Petagine 1B | 3 | 1 | 1 | 0 |
| Edgar Cáceres 2B | 3 | 0 | 2 | 1 |
| Edgar Alfonzo BE (3) | 1 | 0 | 1 | 0 |
| Greg Briley BE (1) | 1 | 0 | 0 | 0 |
| José Stella C | 0 | 0 | 0 | 0 |
| Eduardo Ríos BE (4) | 1 | 0 | 1 | 0 |
| Wilfredo Romero CE | 0 | 0 | 0 | 0 |
| Henry Blanco 3B | 3 | 0 | 2 | 0 |
| Miguel Cairo CE-3B | 0 | 0 | 0 | 0 |
| Rodolfo Hernández BE (5) | 1 | 0 | 0 | 0 |
| **Totales** | 31 | 1 | 7 | 1 |

## Anotaciones por entradas

| | 1 | 2 | 3 | 4 | 5 | 6 | 7 | 8 | 9 | Final | | |
|---|---|---|---|---|---|---|---|---|---|---|---|---|
| | | | | | | | | | | C | H | E |
| Magallanes | 0 | 0 | 0 | 0 | 0 | 0 | 1 | 1 | 0 | 2 | 7 | 0 |
| Caracas | 0 | 0 | 0 | 0 | 1 | 0 | 0 | 0 | 0 | 1 | 7 | 2 |

**Ganó:** Grimsley (1-1)

**Perdió:** Urbina (1-1)

**Salvó:** Hudek

**Dobles:** Espinoza

**Triples:** Cáceres

**Wild Pitch:** Urbina

**Sacrificios:** Cedeño (2), García, Vizquel.

**Robos:** Hunter, Díaz, Cáceres

**Sorprendido:** Abreu

**Dejados en base:** Magallanes 9, Caracas 9

**Tiempo:** 3 horas 25 minutos

Jugado en el Estadio Universitario de Caracas

**Fecha:** 27 de enero del 1994 (nocturno)

## Quinta batalla: el adiós de la temporada para la capital

El quinto y último juego de la final en el parque de la Ciudad Universitaria tuvo lugar el día 28 de enero, en donde originalmente se había comentado que se repetirían los lanzadores del segundo encuentro de la final, es decir Kip Gross por los capitalinos (quien lanzó un estupendo encuentro en esa segunda jornada de la final), y por el Magallanes lo haría el estelar pitcher zurdo Juan Carlos Pulido. Sin embargo el estratega magallanero decidió a última hora darle la bola al joven lanzador derecho Iván Arteaga. Por otra parte, la nave turca tenía la baja sensible de Brian Hunter, quien por compromisos familiares debía abandonar el país luego del cuarto encuentro.

En teoría el Magallanes se veía disminuido en este quinto partido con respecto a su acérrimo rival, ya que debían hacer cambios en una alineación que le acababa de dar dos victorias al hilo. Los navegantes del Magallanes saltaron al campo de juego con:

## Navegantes del Magallanes

| | Jugador | Posición |
|---|---|---|
| 1. | Raúl Marcano | BD |
| 2. | Álvaro Espinoza | SS |
| 3. | Carlos García | 2B |
| 4. | Óscar Azócar | RF |
| 5. | Luis Raven | LF |
| 6. | Andrés Espinoza | 1B |
| 7. | Edgar Naveda | 3B |
| 8. | Eddy Díaz | CF |
| 9. | Clemente Álvarez | C |
| 10. | Iván Arteaga | P |

Por su parte, los de casa tendrían muy pocas variantes en su formación, la cual fue la siguiente:

## Leones del Caracas

|      | Jugador           | Posición |
|------|-------------------|----------|
| 1.   | Roger Cedeño      | LF       |
| 2.   | Omar Vizquel      | SS       |
| 3.   | Bob Abreu         | RF       |
| 4.   | Jesús Alfaro      | BD       |
| 5.   | Roberto Ptaguine  | 1B       |
| 6.   | Edgar Alfonzo     | 2B       |
| 7.   | Jorge Uribe       | CF       |
| 8.   | Henry Blanco      | 3B       |
| 9.   | Tim spehr         | C        |
| 10.  | Kip Gross         | P        |

Desde el mismo inicio del encuentro el Magallanes amenazó con irse arriba en el marcador colocando hasta tres hombres en las bases con tan solo un out, pero Gross sacó su casta para hacer un cero de leyenda. Los Leones del Caracas en el cierre de esa entrada marcaron una anotación con polémico doble de Roger Cedeño, jugada no menos controversial, en donde Cedeño pasa a la tercera base por una interferencia defensiva de Álvaro Espinoza; posteriormente Cedeño anotó con fly de sacrificio de Vizquel. La entrada continuó con doble de Abreu, infield hit de Alfaro, un error de García permite la anotación de Abreu y dejó hombres en segunda y primera con un out. Edgar Alfonzo despachó sonoro hit para remolcar la tercera rayita en piernas de Jesús Alfaro. Posteriormente Jorge Uribe con un inatrapable remolcó la cuarta anotación y sacó del encuentro a Iván Arteaga, quien dio paso al lanzador importado James Waring, el cual concluyó la entrada sin más daño a pesar de que Eddy Díaz cometiera el tercer error del Magallanes en ese episodio.

En la quinta entrada el Magallanes reaccionaría al anotar una rayita producida por triple del "Almirante" Carlos García y sencillo de Luis Raven. Sin embargo en el cierre de esa entrada, la poderosa escuadra caraquista recuperó la ventaja de cuatro con fly de sacrificio del inspirado Edgar Alfonzo remolcando a Roberto Petaguine.

En la sexta entrada los Leones del Caracas ampliarían aún más la ventaja con un doble de Vizquel con Cedeño en la primera base para colocar las acciones seis anotaciones por una. Magallanes reaccionaría de inmediato en la séptima entrada con tres hits de manera consecutiva válidas para dos carreras, pero la defensiva caraquista, liderizada por Omar Vizquel, quien hizo una jugada memorable impidiendo un rally mayor. No obstante en el cierre de esa séptima entrada se combinaron un error de Álvaro Espinoza (el cuarto error del Magallanes en el juego), una base por bola a Spehr y un hit de Wilfredo Romero (quien ingresó al juego por una lesión de Roger Cedeño), para dejar la pizarra 7 carreras por 3.

En la octava entrada de nuevo Omar Vizquel hizo vibrar a los presentes en el estadio universitario con otro engarce de feria que despertó aplausos tanto de caraquistas como de magallaneros.

El Magallanes, haciendo gala de su casta de equipo aguerrido, volvería a amenazar en su última oportunidad ofensiva, poniendo hasta tres hombres en las bases con un out, pero los envíos del cerrador caraquista Terry Clark permitieron una anotación para dejar la pizarra final de 7 carreras por 4 favorable a los Leones del Caracas.

De este modo, los melenudos irían a Valencia a buscar tan solo una victoria que les diera el título. Además, los Leones del Caracas, nuevamente tenían las estadísticas jugando a su favor, ya que en el acumulado de esa campaña cosechaban 5 victorias en 7 encuentros en la sede de los turcos. A los Navegantes del Magallanes les tocaba vérselas otra vez con las estadísticas.

## Quinto juego Box score

| Caracas | Vb | C | H | CI |
|---|---|---|---|---|
| Roger Cedeño LF | 3 | 2 | 1 | 0 |
| Omar Vizquel SS | 4 | 0 | 1 | 2 |
| Bob Abreu RF | 2 | 2 | 2 | 0 |
| Jesús Alfaro BD | 5 | 1 | 1 | 0 |
| Roberto Petagine 1B | 5 | 1 | 2 | 1 |
| Edgar Alfonzo 2B | 3 | 0 | 2 | 2 |
| Jorge Uribe CF | 3 | 0 | 1 | 1 |
| Henry Blanco 3B | 4 | 0 | 1 | 0 |
| Tim Spehr E | 3 | 0 | 0 | 0 |
| Wilfredo Romero LF | 1 | 0 | 1 | 1 |
| **Totales** | 33 | 7 | 11 | 7 |

| Magallanes | Vb | C | H | CI |
|---|---|---|---|---|
| Raúl Marcano BD | 5 | 2 | 4 | 0 |
| Álvaro Espinoza SS | 5 | 1 | 1 | 0 |
| Carlos García 2B | 4 | 1 | 3 | 0 |
| Oscar Azócar RF | 5 | 0 | 3 | 2 |
| Luis Raven LF | 5 | 0 | 2 | 2 |
| Andrés Espinoza 1B | 5 | 0 | 0 | 0 |
| Edgar Naveda 3B | 4 | 0 | 0 | 0 |
| Eddy Díaz CF | 4 | 0 | 0 | 0 |
| Clemente Álvarez C | 4 | 0 | 2 | 0 |
| **Totales** | 41 | 4 | 15 | 4 |

## Anotaciones por entradas

| | 1 | 2 | 3 | 4 | 5 | 6 | 7 | 8 | 9 | Final | | |
|---|---|---|---|---|---|---|---|---|---|---|---|---|
| | | | | | | | | | | C | H | E |
| Magallanes | 0 | 0 | 0 | 0 | 1 | 0 | 2 | 0 | 1 | 4 | 11 | 0 |
| Caracas | 4 | 0 | 0 | 0 | 1 | 1 | 1 | 0 | X | 7 | 15 | 3 |

**Ganó:** Kip Gross (2-0)
**Perdió:** Iván Arteaga (0-1)
**Salvó:** Terry Clark (1)
**Dobles:** Álvarez, Cedeño, Abreu, Vizquel
**Triple:** García
**Dobleplay:** García, Álvaro Espinoza, Andrés Espinoza (46-63)
**Out robando:** Abreu
**Sf:** Edgar Alfonzo, Vizquel
**Wild pitch:** Gross
Tiempo de juego: 3 horas y 39 minutos
Jugado en el Estadio Universitario de Caracas
**Fecha:** viernes 28 de enero de 1994

## Sexta batalla: no apta para cardiacos

El sexto juego de la final tuvo lugar el día 30 de enero y no hacía falta ser un experto en el área beisbolística para prever que sería un encuentro de mucha presión, ya que en él se podía sacar el campeón de la final o por el contrario forzar un séptimo y decisivo encuentro. Para añadirle más picante a las acciones, ambos clubes anunciaron en la lomita a sus respectivas cartas créditos en el picheo. Por los Leones del Caracas lo haría el experimentado Urbano Lugo, buscando tal vez rememorar aquella victoria de leyenda cuando le dio el título a los melenudos con un juego sin hits ni carreras contra Tiburones de La Guaira; mientras que por los dueños del patio estaría el zurdo Juan Carlos Pulido, el denominado "Domador de Leones", gracias a sus estupendas labores monticulares contra los capitalinos. Este aspecto figuraba que el encuentro sería un gran duelo de lanzadores, en donde la más mínima equivocación podría significar la derrota y, por el lado del Magallanes la pérdida de la final.

La formación presentada por el manager de los melenudos, Phil Reagan tenía a:

## Leones del Caracas

|  | Jugador | Posición |
|---|---|---|
| 1. | Roger Cedeño | LF |
| 2. | Omar Vizquel | SS |
| 3. | Bob Abreu | RF |
| 4. | Jesús Alfaro | BD |
| 5. | Edgar Alfonzo | 2B |
| 6. | Roberto Petaguine | 1B |
| 7. | Jorge Uribe | CF |
| 8. | Henry Blanco | 3B |
| 9. | Tim Spehr | C |
| 10. | Urbano Lugo | P |

El estratega de los turcos, Tim Tolman hizo cambios para reforzar la defensa, el cual fue el aspecto más delicado de los Bucaneros en esa final y alinearon con:

## Navegantes del Magallanes

|  | Jugador | Posición |
|---|---|---|
| 1. | Raúl Marcano | DH |
| 2. | Álvaro Espinoza | SS |
| 3. | Carlos García | 2B |
| 4. | Óscar Azócar | 1B |
| 5. | Luis Raven | LF |
| 6. | Chris Hatcher | RF |
| 7. | Eddy Díaz | 3B |
| 8. | Melvin Mora | CF |
| 9. | Clemente Álvarez | C |
| 10. | Juan Carlos Pulido | P |

Pulido, algo descontrolado al principio del juego, da base por bola al primer toletero Roger Cedeño, quien pasó a segunda por sacrificio de Vizquel y posteriormente a tercera con un profundo elevado al jardinero central. Luego el Domador de Leones apretó el brazo para hacer fallar al cuarto toletero melenudo con rodado por los predios de Álvaro Espinoza y con ello dar fin a esa amenaza de la primera entrada.

De forma muy similar ocurrió la primera entrada para los turcos, quienes embasaron a su primer hombre, "Tucupita" Marcano con boleto, toque de sacrificio de Espinoza, pero la entrada concluyó con elevados consecutivos: Carlos García al jardín central y Oscar Azócar al derecho.

En la segunda entrada las tribunas se exaltaron cuando Edgar Alfonzo conectó una línea entre dos que Chris Hatcher, quien no se caracterizó por ser muy defensivo, tomó la pelota arrojándose hacia su mano izquierda, quitándole a Alfonzo lo que pudo haber sido al menos un doble. De nuevo la fanaticada vibraría en la tercera entrada ya que Pulido ponchó a los dos primeros bateadores del episodio (Uribe y Spehr) y el último out se produjo con una gran jugada de Eddy Díaz sobre batazo de Roger Cedeño.

Una vez más el antesalista Díaz realizó un gran engarce en la cuarta entrada valedero para una doble matanza que finalizó el episodio de los Leones del Caracas, quienes para ese momento aún no habían conectado de hit ante Pulido. A final de ese capítulo, los turcos amenazarían con doble de Oscar Azócar luego de un out, pero Raven y Hatcher fueron retirados por Lugo.

No fue sino hasta la sexta entrada que los capitalinos conectaron su primer inatrapable, el cual fue bateado por Henry Blanco iniciando el episodio, posteriormente fue llevado a segunda por sacrificio de Spehr, luego a la tercera con rodado de Roger Cedeño para que la escena quedara servida para la jugada que para muchos cronistas deportivos cambió la cara de ese juego y consecuentemente de la final. Con un par de outs y Blanco en tercera, Vizquel conecta una línea sin enemigos entre el centro y la derecha que fue tomada de forma soberbia por Melvin Mora: *"Allí va un batazo por el right center field, va buscando el center a toda carrera Melvin Mora de cabeza ha hecho una jugada de circo...*"[160]. El público en pleno no paró de aplaudir esa jugada en una entrada completa.

Una nueva amenaza de los Leones tendría lugar en la séptima entrada luego de dos out, negoció boleto Edgar Alfonzo y llegaría a la antesala por inatrapable de Petaguine, sin embargo, Pulido obligó a Uribe a fallar con un elevado a las manos de Azócar. Caracas amenazó con abrir la pizarra al tener a Cedeño en la segunda base con dos out, pero Vizquel fue retirado con una línea a las manos del jardinero derecho Chris Hatcher.

En la novena entrada el público no dejaba de gritar y cantar consignas, lo cual repercutió en que los Bucaneros se crecieran y Carlos "El Almirante" García iniciara el episodio conectando un doble, luego avanzó a la tercera con elevado al jardín derecho, el manager Reagan, ordenó boletos intencionales a Raven y Hatcher y con las bases llenas y un out, Tolman responde a las estrategias de su homólogo caraquista y trae como bateador emergente a Andrés Espinoza quien con un elevado al jardín central remolca la anotación de dejar en el terreno al rival.

Con este juego de leyenda, el Magallanes forzaba la final a un séptimo y decisivo en una guerra sin cuartel que se decidiría al día siguiente en medio de un clima sin igual en la historia del béisbol venezolano.

---

160 Gonzalo López Silvero, 30-1-94, transmisión de Venevisión.

## Sexto juego Box score

| Caracas | Vb | C | H | CI |
| --- | --- | --- | --- | --- |
| Roger Cedeño LF | 3 | 0 | 1 | 0 |
| Omar Vizquel SS | 2 | 0 | 0 | 0 |
| Bob Abreu RF | 4 | 0 | 0 | 0 |
| Jesús Alfaro BD | 4 | 0 | 1 | 0 |
| Miguel Cairo (1) CE | 0 | 0 | 0 | 0 |
| Edgar Alfonzo 2B | 2 | 0 | 0 | 0 |
| Roberto Petagine 1B | 4 | 0 | 1 | 0 |
| Jorge Uribe CF | 3 | 0 | 0 | 0 |
| Greg Briley (2) BE | 1 | 0 | 0 | 0 |
| Wilfredo Romero CF (3) | 0 | 0 | 0 | 0 |
| Henry Blanco 3B | 3 | 0 | 1 | 0 |
| Tim Spehr C | 2 | 0 | 0 | 0 |
| **Totales** | 28 | 0 | 4 | 0 |

Cambios

(1) entró a correr por Alfaro en el 9°

(2) Bateó por Uribe y falló con elevado al rigth en el 9°

(3) Entró a fildear por Briley en el 9°

| Magallanes | Vb | C | H | CI |
| --- | --- | --- | --- | --- |
| Raúl Marcano BD | 3 | 0 | 1 | 0 |
| Álvaro Espinoza SS | 3 | 0 | 0 | 0 |
| Carlos García 2B | 4 | 1 | 1 | 0 |
| Oscar Azócar 1B | 4 | 0 | 1 | 0 |
| Luis Raven LF | 3 | 0 | 0 | 0 |
| Chris Hatcher RF | 2 | 0 | 0 | 0 |
| Eddy Díaz 3B | 3 | 0 | 0 | 0 |
| Andrés Espinoza (1) BE | 0 | 0 | 0 | 1 |
| Melvin Mora CF | 3 | 0 | 0 | 0 |
| Clemente Álvarez C | 3 | 0 | 0 | 0 |
| **Totales** | 27 | 1 | 4 | 0 |

Cambios
(1) Emergió por Eddy Díaz

**Anotaciones por entradas**

|           | 1 | 2 | 3 | 4 | 5 | 6 | 7 | 8 | 9 | Final | | |
|-----------|---|---|---|---|---|---|---|---|---|---|---|---|
|           |   |   |   |   |   |   |   |   |   | C | H | E |
| Caracas   | 0 | 0 | 0 | 0 | 0 | 0 | 0 | 0 | 0 | 0 | 4 | 0 |
| Magallanes| 0 | 0 | 0 | 0 | 0 | 0 | 0 | 0 | 1 | 1 | 4 | 0 |

**Sumario**
**Base robada:** Cedeño
**Sacrificios:** Vizquel, Álvaro Espinoza, Andrés Espinoza, Spehr.
**Doble play:** Díaz-García (5-54)
**Dejados en base:** Caracas (7) Magallanes (7)
Jugado en el estadio José Bernardo Pérez de Valencia
**Fecha:** 30 de enero de 1994 (Nocturno)

**Séptima batalla: la guerra llega a su fin**

La escena estaba servida para que el día 31 de enero, en la misma capital carabobeña, se decidiera el campeón. El manager Tim Tolman colocó en la lomita al lanzador Donnie Wall, mientras que Phil Reagan del Caracas respondió con su serpentinero Brad Holman. Los eternos rivales se formaron de la siguiente manera:

## Leones del Caracas

| | Jugador | Posición |
|---|---|---|
| 1. | Roger Cedeño | LF |
| 2. | Omar Vizquel | SS |
| 3. | Bob Abreu | RF |
| 4. | Jesús Alfaro | BD |
| 5. | Roberto Petaguine | 1B |
| 6. | Edgar Alfonzo | 2B |
| 7. | Jorge Uribe | CF |
| 8. | Henry Blanco | 3B |
| 9. | Tim Spehr | C |
| 10. | Brat Holman | P |

## Navegantes del Magallanes

| | Jugador | Posición |
|---|---|---|
| 1. | Raúl Marcano | BD |
| 2. | Álvaro Espinoza | SS |
| 3. | Carlos García | 2B |
| 4. | Óscar Azócar | 1B |
| 5. | Luis Raven | LF |
| 6. | Chris Hatcher | RF |
| 7. | Eddy Diaz | 3B |
| 8. | Melvin Mora | CF |
| 9. | Clemente Álvarez | C |
| 10. | Donnie Wall | P |

Las acciones no pudieron iniciar de una manera más emocionante, ya que con dos outs en la pizarra y Vizquel corriendo en la inicial, en el home Alfaro, el manager Reagan hace una jugada de bateo y corrido ante la cual Alfaro responde con un fuerte inatrapable con el que Vizquel intenta llegar a la goma con su característica velocidad, pero una rápida respuesta del Almirante García al lanzar a la goma y un gran bloqueo de Clemente Álvarez fueron suficientes para inmolar ese primer ataque melenudo.

En la tercera entrada los capitalinos montan una emboscada basándose en boleto a Henry Blanco, hit de Spehr, ponche a Cedeño para el primer out, wild pitch[161]de Wall avanza a los hombres a tercera y segunda. Posteriormente Vizquel conecta doble para remolcar a Blanco y Spehr, un nuevo doble en esta ocasión de Abreu trae a la goma a Vizquel con la tercera anotación de la entrada para los Leones y con esto sacar del encuentro a Wall, quien sería sustituido por Jason Grimsley, el cual finalizó la entrada con elevado a la izquierda, boleto intencional a Petaguine y rodado a la tercera de Alfonzo. Con la entrada de Grimsley, el manager bucanero dejó muy claro que en ese encuentro se jugaba el todo por el todo, ya que era un lanzador abridor y estaba disponible para relevar.

La algarabía en las gradas caraquistas era ensordecedora, porque aunque aún era muy temprano en el juego, tenían una ventaja considerable y casi con un título nuevo en las manos. Desde esa tercera entrada Grimsley protagonizó una verdadera joya de picheo, dando oportunidad a su ofensiva para remontar. La respuesta magallanera se dio en el final de la quinta entrada, donde una errática defensiva de los melenudos, más específicamente por parte de su antesalista Henry Blanco y un oportuno doblete de Hatcher, empató el encuentro a tres carreras[162].

En la séptima entrada los Leones utilizarían el picheo de relevo para sustituir a su abridor Brad Holman quien, aunque salió del encuentro sin decisión, pero permitió solo dos hits y una carrera limpia. El nuevo

---

161 Este término se emplea, cuando el lanzador hace un picheo descontrolado, el cual no puede ser retenido por el receptor y, por consiguiente, si hay hombres en bases tienen libertad de avanzar.

162 Esa final estaba tan pareja que, con esas 3 anotaciones del Magallanes, ambos clubes tenían 24 anotaciones en lo que iba de serie definitiva.

**150**

serpentinero fue Donald Strance y la toletería magallanera de ese séptimo de la suerte[163] serían: Luis Raven, Chris Hatcher y Eddy Díaz. El episodio inició con un infield hit[164] de Raven, posteriormente en una estrategia sorprendente, el manager Tolman manda a robar la segunda base a Raven, quien lo hizo de manera satisfactoria. Hatcher fue retirado por la vía 63 y Raven tuvo que quedarse en la intermedia. La estrategia de Reagan fue bolear a Díaz para dejar hombres en primera y segunda para enfrentar al novato Melvin Mora con situación de doble play, pero este sorprende a la defensa caraquista al hacer un toque por tercera con el cual se embasó y dejó las bases llenas para el bate del zurdo Andrés Espinoza[165]. En la guerra de estrategias el manager Reagan trae al lanzador zurdo José Centeno; a este movimiento, Tim Tolman responde colocando al experimentado derecho Edgar "El Primo" Naveda. De manera increíble el Magallanes anota una carrera con wild pitch de Centeno en lo que fue su primer lanzamiento, jugada con la que además avanzaron los corredores a tercera y segunda respectivamente. Naveda es boleado intencionalmente para buscar el doble play[166]. Raúl "Tucupita" Marcano se trajo a la goma a Díaz con fly de sacrificio al jardinero central, con lo que la entrada se pondría en dos out. Reagan vuelve a utilizar su picheo de relevo, en esta ocasión con su salvador Terry Clark, para conseguir ese tercer out de la séptima entrada que, hasta el momento tenía un total de dos carreras. El ingreso de Clark también denotaba lo apremiante del juego, ya que era un lanzador utilizado únicamente en la última entrada.

Con Edgar Naveda en la inicial, Melvin Mora en la antesala y un par de outs, el turno sería para el oportuno Álvaro Espinoza, quien respondió con un hit por el medio del campo para empujar una rayita más y dejar corredores en las esquinas para el Almirante García. Luego de que Espinoza estafara la intermedia García se bajó con un inatrapable que remolcó dos nuevas anotaciones. Ahora era el turno de Oscar Azócar, quien con El Almirante en la inicial, terminó de enfriar el juego y la champaña bucanera al disparar un

---

163 Es una costumbre beisbolera llamar al séptimo ining el de la suerte.

164 Este término se emplea, cuando un bateador se embasa sin sacar la pelota del cuadro interior.

165 Ingresó como bateador emergente por Clemente Álvarez.

166 Doble play, es cuando, en una misma jugada se realizan dos out.

bambinazo por todo el jardín central para colocar el encuentro 10 carreras por 3 en lo que ha sido una de las remontadas más recordadas de toda la historia del Magallanes y de la rivalidad Caracas- Magallanes.

La entrada se prolongó con un doble de Luis Raven por la izquierda que sacó del encuentro a un vapuleado Terry Clark, para dar paso a Ugueth Urbina. La emoción era en realidad desbordante, los fanáticos del Magallanes se lanzaron al campo de juego, en donde sus mismos héroes, los jugadores, los ayudaron a subir a las gradas en un esfuerzo por llamar a la calma al eufórico público. Urbina pudo retirar a Hatcher con elevado al jardín derecho para el último out de una séptima entrada en la que los turcos anotaron hasta siete carreras.

En la novena y última entrada los Leones del Caracas embasaron a su primer hombre, Roberto Petaguine por boleto, avanzó a la segunda por rodado a las manos del lanzador Grimsley y posteriormente la entrada se pondría en dos out por un machucón al campo corto, en el cual Petaguine no se pudo mover de la intermedia. La escena quedaba servida para que con tan solo un out el Magallanes se titulara campeón de la final de finales.

Rodolfo "El Popi" Hernández como emergente conectó el primer y único hit que le dieron a Jason Grimsley en su labor de seis entradas y dos tercios. Ahora el turno era para otro emergente, en esta ocasión Alex González ante el primer picheo dio un manso rodado a las manos del "Almirante" Carlos García, quien se la sirvió de bandeja[167] a Álvaro Espinoza para darle el triunfo y el campeonato número siete en su historia a los Navegantes del Magallanes, además de eso el equipo se convirtió en el primero en coronarse campeón luego de haber perdido en casa los dos primeros encuentros.

Los Bucaneros también ponían fin a una racha negativa de 15 años sin obtener títulos. Si algo pudo describir esa euforia vivida por los magallaneros fue la pancarta colocada por un grupo de fanáticos en el Estadio José Bernardo Pérez de Valencia que decía: *Valió la pena esperar 15 años para ser campeón a costas de un león, que de fiera salvaje se convirtió en un ratón...*

---

167 Se usa el término "pasar de bandeja", cuando un jugador le pasa la pelota a otro con el mismo guante, de manera que la bola se impulsa de abajo hacia arriba.

## Séptimo juego Box score

| Caracas | Vb | C | H | CI |
|---|---|---|---|---|
| Roger Cedeño LF | 4 | 0 | 0 | 0 |
| Omar Vizquel SS | 4 | 1 | 2 | 2 |
| Bob Abreu RF | 4 | 0 | 1 | 1 |
| Jesús Alfaro BD | 4 | 0 | 1 | 0 |
| Roberto Petagine 1B | 1 | 0 | 0 | 0 |
| Edgar Alfonzo 2B | 3 | 0 | 0 | 0 |
| Jorge Uribe CF | 4 | 0 | 0 | 0 |
| Henry Blanco 3B | 2 | 1 | 0 | 0 |
| Tim Spehr C | 3 | 1 | 1 | 0 |
| Miguel Cairo SS (1) | 0 | 0 | 0 | 0 |
| Eduardo Ríos BE (2) | 1 | 0 | 0 | 0 |
| Rodolfo Hernández BE (3) | 1 | 0 | 1 | 0 |
| Wilfredo González BE (4) | 1 | 0 | 0 | 0 |
| **Totales** | 32 | 3 | 6 | 3 |

Cambios
(1) Cubrió SS por Vizquel en el 8°
(2) Hit por Cairo en el 9°
(3) Hit por Spehr en el 9°
(4) Out por Uribe en el 9°

| Magallanes | Vb | C | H | CI |
|---|---|---|---|---|
| Raúl Marcano BD | 3 | 0 | 0 | 1 |
| Álvaro Espinoza SS | 4 | 1 | 1 | 1 |
| Carlos García 2B | 4 | 1 | 2 | 2 |
| Oscar Azócar 1B | 4 | 1 | 1 | 2 |
| Luis Raven LF | 4 | 2 | 2 | 0 |
| Chris Hatcher RF | 4 | 1 | 1 | 1 |
| Eddy Díaz 3B | 3 | 3 | 0 | 0 |
| Melvin Mora CF | 3 | 2 | 1 | 0 |
| Clemente Álvarez C | 2 | 0 | 0 | 0 |
| Andrés Espinoza BE | 0 | 0 | 0 | 0 |
| Edgar Naveda BE (2) | 0 | 1 | 0 | 0 |
| Raúl Chávez C (3) | 0 | 0 | 0 | 0 |
| Totales | 32 | 10 | 8 | 7 |

## Anotaciones por entradas

| | 1 | 2 | 3 | 4 | 5 | 6 | 7 | 8 | 9 | Final C | H | E |
|---|---|---|---|---|---|---|---|---|---|---|---|---|
| Caracas | 0 | 0 | 0 | 0 | 0 | 0 | 0 | 0 | 3 | 3 | 6 | 1 |
| Magallanes | 0 | 0 | 0 | 0 | 3 | 0 | 7 | 0 | 0 | 10 | 8 | 0 |

**Sumario**

**Doble:** Omar Vizquel, Abreu
**Bases Robadas:** Mora, Raven, Álvaro Espinoza
**Out robando:** Marcano
**Dejados en base:** Caracas (6) Magallanes (2)
**Dobleplays:** Caracas (Vizquel-Petagine)
**Sacrificio:** Raúl Marcano
Jugado en el estadio José Bernardo Pérez de Valencia
**Tiempo:** 3 horas
**Fecha:** Lunes 31 de enero de 1994 (Nocturno)

De izquierda a derecha: Alfonzo Chico Carrasquel, Gonzalo Márquez y Antonio "Loco" Torres.
Archivo Fotográfico Últimas Noticias

Alfonso Chico Carrasquel, vistiendo el uniforme de Cervecería Caracas
Archivo Fotográfico Últimas Noticias

Una pareja de altos quilates de los Leones del Caracas, César Tovar (12)
junto a Víctor Davalillo (2), 03-01-1974. Archivo Fotográfico Últimas Noticias

César Tovar, jugador de gran valía para los Leones del Caracas. 12-10-1967.
Archivo Fotográfico Últimas Noticias

Dave "La Cobra" Parker, Enero 1979. Archivo Fotográfico Últimas Noticias

Luis "El Camaleón" García, uno de los más notables e influyentes jugadores del Magallanes en su historia. Miembro del salón de la fama de la LVBP y del Magallanes.
Archivo Fotográfico Últimas Noticias

Víctor Davalillo, máximo hiteador en la Liga Venezolana de Beisbol Profesional. 03-07-1965,
Archivo Fotográfico Últimas Noticias

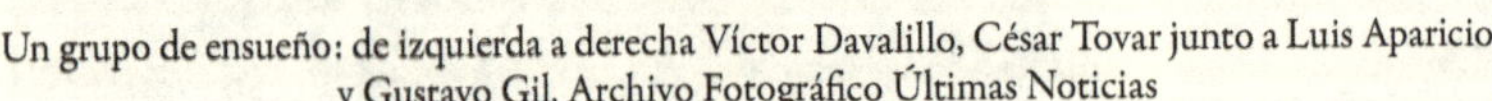

Un grupo de ensueño: de izquierda a derecha Víctor Davalillo, César Tovar junto a Luis Aparicio y Gustavo Gil. Archivo Fotográfico Últimas Noticias

Vidal López, una de las grandes estrellas del beisbol venezolano, quien vistiera las camisetas de los dos Eternos Rivales de la pelota venezolana. Archivo Fotográfico Últimas Noticias

Willie Horton, como Manager y jugador de los Navegantes del Magallanes. 08-02-1979.
Archivo Fotográfico Últimas Noticias

Celebración de los fánaticos del Magallanes por el Título ganado en la Serie del Caribe 1970.
Archivo Fotográfico Últimas Noticias

Celebracion magallanera en el Dogout 1970. Archivo Fotográfico Últimas Noticias

Celebración de fanaticos del Magallanes, Archivo Fotográfico Últimas Noticias

De izquierda a derecha: Carlos Hernández, Andrés Galarraga, Omar Vizquel y Roger Cedeño.
Archivo Fotográfico Últimas Noticias

Celebración Magallanes Campeones de la Temporada 1993-1994.
Archivo Fotográfico Últimas Noticias

Celebración del Magallanes. Final 1993 -1994. Diario Meridiano

Álvaro Espinoza (Magallanes) y Roger Cedeño (Caracas)
juego de la final 1993 -1994.Diario Meridiano.

Phil Regan (Manager Leones del Caracas) discutiendo con el Umpire Mark Hoops. Diario Meridiano

Álvaro Espinoza (Juego de la final 1993-1994) es puesto out en homeplate
por disparo de Roger Cedeño a la mascota de Tim Spehr. Diario Meridiano

Titulares de prensa final Caracas - Magallanes 1993 -1994

Urbano Lugo, en plena celebración por el juego lanzado. 12-01-1993.
Archivo Fotográfico Últimas Noticias

# CONCLUSIONES

Es muy complicado concluir un tema que, aunque debido a sus límites metodológicos tiene un final, pero que no obstante, dichas fronteras temporales son completamente inexistentes y fueron elaboradas con el propósito de manejar con mejor comodidad las variables en una periodización tan prolongada. No obstante en la realidad es un fenómeno que está cada vez más vivo.

En el concepto de que quien ha tenido el profundo agrado de escribir estas líneas los objetivos de esta investigación se han cumplido a cabalidad, porque he abordado con un enfoque totalmente diferente la historia de la Venezuela del siglo XX, una donde no solo los héroes militares son partícipes.

La pasión y la rivalidad, como se ha visto en el desarrollo de esta investigación, fueron el motor fundamental de la aceptación de una disciplina deportiva, para este caso el béisbol. La pasión que generó, genera y generará la rivalidad Leones del Caracas – Navegantes del Magallanes, ha sido fundamental en el desarrollo del béisbol en Venezuela, pero más importante aún es el hecho de que ese conjunto de rivalidades que se han expuesto a lo largo de este trabajo, teniendo como punto más álgido el Caracas – Magallanes, han creado un sentimiento nacional hacia el béisbol, el cual ha repercutido en que la rivalidad de rivalidades sea un indudable patrimonio cultural-deportivo de la idiosincrasia del venezolano.

La rivalidad de rivalidades del béisbol venezolano tuvo un origen tan humilde como el inicio del deporte de las cuatro esquinas en el país. Hoy parecen muy lejanos en el tiempo aquellos primeros pasos de la rivalidad, en la década de los años 30, cuando un conjunto modesto como el Magallanes midió sus fuerzas con ese coloso del momento, Royal Criollos. La desaparición definitiva del Royal y la ausencia del Magallanes por casi diez años contribuyeron a que la rivalidad desapareciera momentáneamente del campo de juego, mas no de los corazones de los fanáticos que vieron resurgir dicha rivalidad luego de la obtención de la serie mundial amateur de 1941. En ese momento los rivales no fueron los mismos porque aunque resurgió el Magallanes, su rival de antaño no lo había hecho, no obstante, gracias a Martín Tovar Lange, dueño del club Cervecería Caracas, hace que esta novena retome la filosofía de jugar con solo peloteros criollos, tendencia tomada del Royal. Desde ese momento, la respuesta de la fanaticada hacia los dos clubes se ha convertido en una forma de ver la vida del venezolano hasta el punto de dejar grabado en el vocabulario cotidiano frases típicas del béisbol.

Desde mi punto de vista es imposible entender plenamente la rivalidad Caracas-Magallanes sin comprender primero los orígenes y contextos históricos exactos en los cuales ambas novenas unieron sus destinos. Es imposible además entender en su absoluta complejidad las emociones que despiertan estos colosos sin antes saber por ejemplo que el Magallanes compartió sede con el Cervecería Caracas y luego con los Leones por más de veinte años. Además de esto, es importante saber que los orígenes del Magallanes fueron tan peculiares al estar conformado por casi su totalidad de jugadores de nacionalidades poco frecuentes en la disciplina del béisbol. Por otra parte, es muy probable que esta rivalidad de rivalidades no se mantuviera en el tiempo con la desaparición del Royal Criollos, si no fuera por la coyuntura histórica de los Héroes del 41, aunada a la sagacidad de Martín Tovar Lange en aprovechar esta coyuntura de nacionalismo peloteril para contratar en su naciente club a los más destacados jugadores de ese torneo y, retomar la práctica del puro criollismo empleada por el anterior rival del Magallanes, Royal. Si no fuera por esta medida tal vez no existiría la rivalidad de hoy en día, o es posible que no fuera de tanta intensidad. Parecieran muchas casualidades o causalidades que tuvieron que darse para que hoy en día tengamos a la rivalidad de rivalidades, o es que, desde su trono en los cielos, el Todopoderoso deseaba que se diera el Caracas-Magallanes.

178

En otro sentido, no creo que sea posible entender la gran fanaticada que tuvo tan pronto el Cervecería Caracas si no fuera por los Héroes del 41. Gracias a que un buen número de ellos jugó de inmediato con los lupulosos fue que se inició el seguimiento en masa de esta novena y, aunado a los aspectos que ya he descrito en líneas anteriores, fue que renació en los corazones de los fanáticos venezolanos el espíritu de la rivalidad.

La intención principal de esta obra era que el fanático, sobre todo el más joven, comprendiera en su totalidad el porqué entre Caracas y Magallanes existe una rivalidad deportiva tan intensa. La motivación fundamental de desarrollar una investigación tan ardua es muy sencilla para mí, quiero evitar que las nuevas generaciones de seguidores del Caracas y el Magallanes sigan a la rivalidad porque sus padres o la sociedad les diga que estos dos equipos son rivales sin darles explicaciones. De igual modo yo en este libro sintetizo las razones de la rivalidad para que los fanáticos jóvenes y no tan jóvenes sepan los motivos que hacen que esta sea la más grande rivalidad en el béisbol venezolano y que no incurran en el error de seguir apoyando a la rivalidad de rivalidades de una forma mecánica.

Este es un pedazo de la idiosincrasia del venezolano que respira, habla y vive béisbol. Es hacer una visión retrospectiva para ver cómo un pueblo tomó la rivalidad beisbolera como vehículo de oposición política, como refugio de dictaduras y en fin, un pueblo que acogió a la rivalidad Leones del Caracas-Navegantes del Magallanes como un patrimonio nacional intangible.

# Anexos

Chivo Capote, Alejandro Carrasquel, Catire Maal, Biblioteca Nacional de Venezuela,
Archivo Audiovisual, Colección Jaime Albánez

De izquierda a derecha: Nieves Rendón, Simón B Rodríguez,
Manuel A Malpica y Balbino Inojosa. Campeonato de 1936. Estadium San Agustín.
Biblioteca Nacional de Venezuela, Archivo Audiovisual

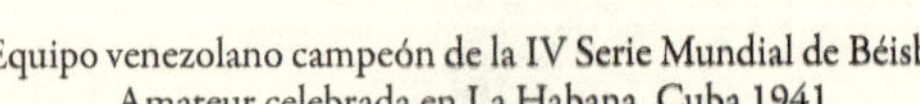

Equipo venezolano campeón de la IV Serie Mundial de Béisbol
Amateur celebrada en La Habana, Cuba 1941

Luis "Camaleón" García y Gonzalo Márquez, Biblioteca Nacional de Venezuela,
Archivo Audiovisual, Colección Catalá

Víctor Davalilllo en uno de los tantos encuentros disputados entre el Caracas y Magallanes. 30-10-65.
Biblioteca Nacional de Venezuela, Archivo Audiovisual, Colección Catalá

Juego Caracas - Magallanes en el estadium Universitario a casa llena. 6 de enero de 1976.
Archivo Fotográfico Ultimas Noticias

Antonio Armas destacado jugador de los Leones del Caracas, haciendo swing,
Archivo Fotográfico Últimas Noticias

# BIBLIOGRAFÍA

BRACHO, Emil, GARCÍA, Giner, *Navegantes del Magallanes, La Travesía*. Caracas, editorial La Brújula, 1996, pp. 245

BRACHO, Emil, GARCÍA, Giner, SEQUERA, Luis, *¿y usted qué opina?*. Caracas, Editorial La Bruja, 1996, pp. 160.

CABALLERO, Manuel, *Las crisis de la Venezuela Contemporánea (1903-1992)*, Caracas, Editorial Alfa, 2007, pp. 227.

CÁRDENAS LARES, Carlos, *Leones del Caracas Crónicas de una tradición*. Caracas, Editorial Torino, 1992, pp. 310.

CÁRDENAS, Carlos, MEDINA, Iván, *Guía del Fanático 1993*. Caracas, Ediciones Cárdenas Lares, 1993, pp. 295.

COMPILACIÓN LVBP, *Registro del Béisbol Venezolano*. Caracas, Ediciones de LVBP, Tomo 1, 1995, pp. 581.

COMPILACIÓN LVBP, *Registro del Béisbol Venezolano*. Caracas, Ediciones de LVBP, Tomo II, 1995, pp. 68.

Diccionario Histórico (edición digital). Caracas, Fundación Polar, 2003

GARCÍA, Gimer, BRACHO, Emil, SEQUERA, Luis, *99 + 1*. Valencia, Ediciones Fundación Magallanes de Carabobo, 1996, pp. 200

GARROCHO SANDOVAL, Carlos. *Por los diamantes de ayer: el San Luis del 47*. México, Universidad Autónoma de San Luis de Potosí, 2002.

GONZÁLEZ, Javier, *Magallaneros y Caraquistas: Cronología de sufrimientos y satisfacciones*. Caracas, ImpresionArte98 C.A., 2000, pp. 32.

GONZÁLEZ, Javier, *Navegantes del Magallanes 84 Años de Historias*. Caracas, Exlibris, 2001, pp. 61

GONZÁLEZ, Javier, *El Béisbol en Venezuela*. Caracas, Fundación Bigott, 2003, pp. 131

GUTIÉRREZ, Daniel, *Finales y Semifinales de la LVBP.* Caracas, Ediciones de la Liga Venezolana de Béisbol Profesional, 2006, pp. 83.

GUTIÉRREZ, Daniel, GONZÁLEZ, Javier, *Records Liga Venezolana de Béisbol Profesional 1946-2006*. Caracas, Ediciones de la Liga Venezolana de Béisbol Profesional, 2006, pp. 359.

GUTIÉRREZ, Daniel, FONTIVERO, Efraim, GUTIERREZ GARCÍA, Daniel. *Enciclopedia del Béisbol en Venezuela*. Caracas, ediciones de la Liga Profesional de Venezuela, 2006, pp. 381.

HOBSBAWN, Eric, *Historia del siglo XX, 1914-1991,* Barcelona (España), Editorial Crítica, 2009, pp. P 614.

MENDEZ SERENO, Herminia, *Cinco siglos de historia de Venezuela*. Caracas, editorial Centauro, pp. 437, 1998.

MIJARES, Rubén, GUTIERREZ, Daniel, *Magallanes para Todo el Mundo*. Caracas, ediciones de la Liga Venezolana de Béisbol, 1993, pp. 176

SALAS, Alexis, *Los eternos Rivales 1908-1988*. Caracas, Ediciones de Seguros Caracas, 1988, pp. 320.

SALCEDO BASTARDO, Jorge Luis, *Historia Fundamental de Venezuela*. Caracas, Ediciones de la Biblioteca de la UCV, pp. 648, 1993

SEGNINI, Yolanda, *Las Luces del Gomecismo,* Caracas, Alfadil Ediciones, 1997, pp.. 299.

TUSA, Alfonso, *Una temporada Mágica 1969-1970*. Caracas, Ediciones de la Liga Profesional de Béisbol venezolano, 2006, pp. 205.

VARIOS AUTORES, *Guía de Béisbol Profesional de Venezuela*. Caracas, Ediciones de la Liga Venezolana de Béisbol, 2007, pp. 208

VENÉ, Juan, MIJARES, Rubén, DIAZ, Eleazar, *Un Siglo de Béisbol,* Caracas, ediciones de la Liga Venezolana de Béisbol, 1994, pp. 206

## HEMEROGRAFÍA

José Gil Fortul, *El Nuevo Diario*. Caracas, 24 de abril de 1917
El Universal. Caracas, 8 de marzo, 1915, pp. 5
El Universal. Caracas, 15 de abril de 1918, pp. 1
El Universal. Caracas, 07/08/1940, pp. 6
El Tiempo. Caracas 07/07/1895
El Pregonero. Caracas, 23/5/1895

## FILMOGRAFÍA

*Venezuela al bate*. Caracas, Bolívar Film, 2006.

*Magallanes Pasión Centenaria, Colección Cine Archivo, Cinesa, 2017*

*Desde el Stadium en el Tiempo con los Leones del Caracas*. Caracas, Cacao Música, 2008.

*Primer juego de la final Caracas Magallanes.* Valencia, Departamento de Deportes de Venevisión, 22/01/1994.

*Segundo juego de la final Caracas Magallanes.* Valencia, Departamento de Deportes de Venevisión, 23/01/1994.

*Tercer juego de la final Caracas Magallanes.* Caracas, Departamento de Deportes de Venevisión, 26/01/1994.

*Cuarto juego de la final Caracas Magallanes.* Caracas, Departamento de Deportes de Venevisión, 27/01/1994.

*Quinto juego de la final Caracas Magallanes.* Caracas, Departamento de Deportes de Venevisión, 28/01/1994.

*Sexto juego de la final Caracas Magallanes.* Valencia, Departamento de Deportes de Venevisión, 30/01/1994.

*Séptimo juego de la final Caracas Magallanes.* Valencia, Departamento de Deportes de Venevisión, 31/01/1994.

## INFOGRAFÍA

www.magallanes.bbc.com.ve
www.leonesdelcaracas.com.ve
www.lvbp.com
www.venezuelatuya.com
www.museodelneisbol.com.ve
www. desdeelbullpen.blogspot.com
www.actualidad-24.com/2008/02/historial-de-campeones-lvbp.html
www.historiadelbeisbolvenezolano.com

## OBRAS DE REFERENCIA

*Diccionario de Historia de Venezuela.* Caracas, Fundación Polar, 1999.